Avar

Même si l'homme y tient pr… …a nature sauvage en France est plus variée et plus étonnante qu'on ne le soupçonne. Vous aider à mieux connaître les paysages, les animaux qui y vivent, la flore remarquable, tel est le pari des guides *Balades nature.* Nous avons sélectionné pour cela des itinéraires simples qui vous emmènent au cœur des sites les mieux préservés. Tendez l'oreille, scrutez le sol, levez la tête, respirez… Vous le constaterez bien vite : pour l'œil averti, chaque sortie s'apparente à un mini-safari. C'est pourquoi nous vous proposons, en addition, un guide d'observation des animaux de la région.

Avec notre carnet d'associations naturalistes, vous tenez là un **guide complet de l'écotourisme en baie de Somme**.

Sommaire

Le Touquet-Paris-Plage
Étaples
Beutin
Stella-Plage
Cucq
St-Josse
Attin
Montreuil
Merlimont-Plage
Merlimont
Campigneulles-les-Grandes
Beaumerie-St Martin
Lespinoy
Berck
Verton
Maresquel-Ecquemicourt
Groffliers
Baie d'Authie
Lépine
Roussent
Maintenay
Argoules
Fort-Mahon-Plage
Nampont-Saint-Martin
Belle-Dune
Douriez
Quend-Plage-les-Pins
Villers-sur-Authie
Tortefontaine
Dompierre-sur-Authie
Regnière-Écluse
Rue
Arry
Bernay-en-Ponthieu
Parc ornithologique du Marquenterre
Crécy-en-Ponthieu
BAIE DE SOMME
FORÊT DE CRECY
Pointe du Hourdel
Nouvion-en-Ponthieu
Le Crotoy
Sailly-Bray
Cayeux-sur-Mer
St-Valery-sur-Somme
Noyelles-sur-Mer
Lamotte-Buleux
Pinchefalise
Hautvilliers
Neuilly-l'Hôpital
Pendé
Canal de la Somme
Hâble d'Ault
Brutelles
Arrest
Hautebut
Abbeville
Ault
Franleu
DIEPPE
Bois de Cise
Mers-les-Bains
Friville-Escarbotin
Le Tréport
Moyenneville
AMIENS
1
2
3
4
5
6
7
8
9
10
11
12
13
14
15
16
17
18
19
20

BELLES

UN LIVRE

Dakota éditions

ÉGALEMENT EN LIBRAIRIE :

BALADES

UNE APPLI

IDENTIFIEZ plus de 150 chants d'oiseaux
ÉCOUTEZ les Secrets du Naturaliste
SURVOLEZ toutes les balades en 3D

Appli mobile BELLES **BALADES** *offerte avec le livre*
Disponible sur iPhone et Android

www.bellesbalades.com

Nature et loisirs en baie de Somme

Adresses utiles

Encore envie de baie ? De nombreuses possibilités de visites, de découvertes, d'animations nature, de loisirs aquatiques, équestres... vous sont proposées dans cette petite sélection.

▶ Les organismes signalés par une flèche verte ont collaboré à ce guide.

Syndicat Mixte
Baie de Somme - Grand Littoral Picard

▶ Syndicat Mixte Baie de Somme - Grand littoral Picard

Cet établissement public a en charge le développement, l'aménagement et la promotion de la côte picarde de Mers-les-Bains à Fort-Mahon. Il entretient et met en valeur les terrains que lui ont confié le Conservatoire du Littoral et l'Etat avec la réserve naturelle de la Baie de Somme. Le Syndicat Mixte Baie de Somme - Grand littoral Picard a créé la Maison RAMSAR qui assure et coordonne le suivi scientifique des sites naturels littoraux.

• 1, place de l'Amiral-Courbet - 80142 Abbeville cedex-
Tél : 03 22 20 60 30 - www.baiedesomme.org

▶ Somme Tourisme - Agence de Développement et de Réservations Touristiques

Vous y trouverez tous les renseignements loisirs et hébergement que vous souhaitez sur la Somme.

• 21, rue Ernest-Cauvin - 80000 Amiens - Tél. : 03 22 71 22 71 - www.somme-tourisme.com - www.somme-nature.com

▶ Groupe ornithologique picard (GOP)

Créé en 1996, le GOP a pour vocation de promouvoir l'ornithologie scientifique en Picardie et compte aujourd'hui plus de 100 membres.

• 9, rue du Champneuf - Le Bout des Crocs -
80120 Saint-Quentin-en-Tourmont - avifaunepicarde@free.fr

▶ Le Parc du Marquenterre

Ce parc, propriété du Conservatoire du littoral, s'ouvre au cœur de la réserve naturelle de la Baie de Somme. Des milliers d'oiseaux migrateurs s'y attardent. Le Marquenterre devient

Le Conservatoire du littoral

Le littoral est un espace naturel fragile, convoité et particulièrement soumis à la pression humaine (urbanisation, fréquentation, pollution…). C'est pourquoi, en 1975, un organisme public destiné à le protéger fut créé. Il acquiert tout terrain menacé ou dégradé. Puis une collectivité territoriale est chargée de sa gestion, de sa réhabilitation, et de son ouverture au public.

alors un lieu de reproduction, une réserve de nourriture et un espace de repos... Des postes d'observation ont été aménagés sur le parcours afin de vous permettre de voir de plus près la faune du parc. Très pédagogiques, des panneaux vous racontent tout ce que vous avez toujours voulu savoir sur l'avocette, sur le tadorne de Belon... Des animateurs-nature se tiennent à votre disposition pour tout renseignement complémentaire.

• 80120 Saint-Quentin-en-Tourmont - Ouvert toute l'année sauf le 25 décembre et le 1er janvier. Entrée payante - Restauration : Bistrot du Marquenterre - Renseignements (horaires, tarifs, visites guidées) : 03 22 25 68 99
www.baiedesomme.fr - parc.marquenterre@baiedesomme.fr

Héron cendré au Marquenterre

▸ Réserve naturelle de la baie de Somme

Les 3 000 ha que couvre la réserve représentent un site de toute première importance pour de nombreuses espèces de canards et d'échassiers. Un chemin balisé vous permet de découvrir toutes ses richesses. Voir balade nature 3.

• Syndicat Mixte Baie de Somme - Grand Littoral Picard - 1, place de l'Amiral-Courbet - 80142 Abbeville cedex - Tél. : 03 22 31 79 30

Trois associations proposent des promenades en baie de Somme

▸ Centre Permanent d'Initiatives pour l'Environnement (CPIE)

- Boucle (à partir de Saint-Valery-sur-Somme ou du Crotoy) ou traversée complète de la baie de Somme. Comptez environ 3 heures de marche pour effectuer la traversée (7 à 8 km). La balade peut se faire pendant toute l'année. Dates et horaires en fonction des marées.
- Initiation à l'environnement : découverte de la flore et de la faune sur l'ensemble du département.
- Sorties d'observation des phoques veaux-marins de la baie.

• 32, route d'Amiens - 80480 Dury - Tél. renseignements et tarifs : 03 22 33 24 27 - www.balades-en-somme.com

Conservatoire du littoral
Actes Sud / Baie de Somme (Marquenterre)
par Jacques Béal - 6,50 €

▸ Promenade en Baie

Venez explorer les 7 000 ha baie de Somme sous toutes ses coutures.

Hors réserve naturelle, trois promenades accompagnées par un guide vous sont proposées : une découverte des paysages et de leur flore, une traversée simple de la baie ou encore une

Réserves naturelles

La vocation des réserves naturelles est de protéger des sites d'intérêt écologique exceptionnel. Ce peut être une fragile tourbière, un site où abondent les fossiles (afin qu'ils ne soient pas pillés), ou encore un milieu où se reproduit une espèce en voie de disparition. L'accueil du public y est organisé chaque fois qu'il est compatible avec l'objectif prioritaire de protection.

Réserves Naturelles de France
B.P. 100
21803 Quétigny Cedex
www.reserves-naturelles.org

traversée avec retour par le chemin de fer de la baie de Somme. Dans la réserve, le programme n'est pas moins riche : balade autour de l'estuaire de la Maye avec observation des oiseaux, découverte de la flore des dunes et de l'estran, à la rencontre des flots et des oiseaux de mer (uniquement les jours de grande marée, quand la mer est haute).

• Ouvert toute l'année - 5, allée des Soupirs - 80550 Le Crotoy - Tél. renseignements et tarifs : 03 22 27 47 36 - www.promenade-en-baie.com

Rando Nature

Balades à pied en baie de Somme.

• Mairie - BP 10006 - 80230 Saint-Valery-sur-Somme - Tél. : 03 22 26 92 30 - www.randonature-baiedesomme.com

Découverte de la baie de Somme à VTT

• 28, rue du Bois, 80132 Quesnoy-le-Montant - Tél. : 03 22 29 07 51 - www.velo-baie-somme.com

Herbarium

C'est sur les hauteurs des remparts de Saint-Valery-sur-Somme que vous découvrirez ce jardin botanique, reconstitution de celui des religieuses de l'hôpital. Venez y admirer les plantes ornementales, condimentaires, alimentaires, médicinales... qui le composent.

• 36, rue Brandt, 80230 Saint-Valery-sur-Somme - Tél. : 03 22 26 69 37 - herbarium@wanadoo.fr - www.jardin-herbarium.fr
Entrée payante.

Abbaye et Jardins de Valloires

Cette abbaye, fondée au XIIe siècle par des moines cisterciens, fut reconstruite au XVIIIe siècle. Sa chapelle, son cloître, sa cour d'honneur en hémicycle et son pigeonnier du XVIe siècle sont d'autant plus remarquables qu'ils sont entourés de très beaux jardins regroupant plus de 4000 variétés de plantes et arbustes. Tout un monde d'élégance et de raffinement...

- Tel. : 03 22 29 62 33 - www.abbaye-valloires.com

• Jardins : 80120 Argoules - Ouvert tous les jours de mars à novembre - Entrée payante - Restauration et boutique sur place - Renseignements (horaires, tarifs, visites guidées) : 03 22 23 53 55. www.baiedesomme.fr - jardins.valloires@baiedesomme.fr

Le chemin de fer de la baie de Somme

Chemin de fer de la baie de Somme

Faites le tour de la baie de Somme à bord d'un véritable train à vapeur : ruisseaux bordés de saules, champs, marais… défileront devant vos yeux. Attention au départ !

• BP 31, 80230 Saint-Valery-sur-Somme - Tél. renseignements et tarifs : 03 22 26 96 96. Départs de Cayeux-sur-Mer, Saint-Valery-sur-Somme, Noyelles-sur-Mer et Le Crotoy. Circule tous les jours en juillet-août ; les samedis, dimanches et mercredis, hors saison.

www.cfbs.eu

Aquaclub de Belle Dune

Abrité par de hautes dunes, l'Aquaclub s'ouvre au cœur d'une immense forêt de pins. Toboggans géants, piscines à vagues, jaccuzis, saunas… n'attendent que vous. Le golf Belle Dune (18 trous) propose un parcours de grande qualité à deux pas de l'Aquaclub.

• Entrée payante - Restauration : Bistrot de la Dune - Renseignements (horaires, tarifs) : 03 22 23 73 00

www.baiedesomme.fr - aquaclub.belledune@baiedesomme.fr

La Maison de la Baie de Somme et de l'oiseau

Les 300 espèces aviaires présentées et le parcours d'initiation "la flore et les oiseaux des marais" vous feront entrer quelques instants dans un univers inoubliable où l'oiseau est roi.

• Carrefour du Hourdel - Lanchères - 80410 Cayeux-sur-Mer - Ouvert tous les jours, toute l'année. Entrée payante - Renseignements (horaires, tarifs, visites guidées) : 03 22 26 93 93

www.baiedesomme.fr
maison.baie@baiedesomme.fr

Le Musée Picarvie

Cet écomusée est un véritable petit village picard où ateliers, échoppes, estaminets… vous ouvrent leurs portes et font revivre les vieux métiers et les activités traditionnelles de la région. Une visite pleine de charme.

• 5, quai du Romerel - 80230 Saint-Valery-sur-Somme - Entrée payante.
www.baiedesomme.fr - musee.picarvie@baie-desomme.fr

Château fort de Rambures

Henri IV séjourna dans cette forteresse féodale du xve siècle, emblématique de l'architecture militaire de la fin du Moyen Age. Canonnières, caves voûtées, pont-levis, chapelle… tous les éléments sont là pour vous faire remonter le temps.

• 8, rue du Château - 80140 Rambures - Tél. : 03 22 25 10 93. Entrée payante. Ouvert tous les jours (sauf le mercredi) du 1er mars au 1er novembre, 10h-12h et 14h-18h ; les dimanches et jours fériés (les autres jours sur rendez-vous), du 3 novembre à fin février, de 14h à 17h. - www.chateaufort-rambures.com

Château fort de Rambures

Loisirs équestres

Vous souhaitez découvrir la baie de Somme à cheval ? La direction départementale de la Jeunesse et des Sports et le comité du Tourisme ont labellisé les centres équestres suivants :

• Domaine du Lieu Dieu - Beauchamps -
Tél. : 03 22 30 92 23 - www.lieudieu.com
• Cavalcade - Le Crotoy - Tél. : 03 22 27 79 15
• Centre équestre de la Clairefontaine - Fontaine-le-Sec -
Tél. : 03 22 25 12 39 -
• Centre Henson Marquenterre - Saint-Quentin-en-Tourmont -
Tél. : 03 22 25 68 64 - www.henson.fr
• Centre équestre du Vimeu - Friville-Escarbotin -
Tél. : 03 22 30 29 36
• Ferme Relais de la Baie de Somme - Morlay-Ponthoile -
Tél. : 03 22 27 07 11 - www.rando-gites-baie-somme.com
• La Ferme des Moines - Nouvion-en-Ponthieu -

Conservatoire des sites naturels de Picardie

Tout au long de l'année, le Conservatoire des sites naturels de Picardie organise des sorties nature qui offrent la possibilité

de découvrir la flore, la faune ainsi que la gestion écologique entreprise sur quelques sites préservés de la région. Parallèlement et de façon très conviviale, des chantiers nature permettent à chacun de s'impliquer concrètement dans la gestion de ces espaces naturels.
• 1, place Ginkgo - Village Oasis - 80044 Amiens Cedex 1 - Tél. : 03 22 89 63 96 - contact@conservatoirepicardie.org

Picardie Nature

En juillet et août, l'association anime un poste d'observation des phoques situé près du blockhaus sur la plage du Hourdel à Cayeux-sur-Mer (voir point de départ de la balade 5). Un diaporama et des sorties vous sont également proposés.
• Maison des sciences et de la nature : 14 place Vogel – BP 835 – 80008 Amiens
Tél. : 03 22 97 97 87 - E-mail : contact@picardie-nature.org
Les guides indépendants

Les Balad'eux

Lieux de sorties : Le Hourdel
• 43 rue de la Ville 80120 Forest-Montiers
Tél. : 06 85 21 02 17 www.lesbaladeux.com

Pas à Pas en Baie de Somme

Lieux de sorties : Baie de Somme, Boismont, Le Hourdel, Saint-Valery-sur-Somme, Brighton-les-pins
26 rue du Canal - Pinchefalise / Boismont
Tél. : 06 13 22 00 02 www.guide-baie-somme.com

Sens Naturel

Lieux de sorties : Baie de Somme, Côte picarde, Baie d'Authie, Cayeux-sur-Mer, Ault.
80550 Le Crotoy Tél. : 06 88 90 83 59 www.sens-naturel.com

Jérôme Mouton

Lieux de Sorties : Baie de Somme, Baie d'Authie, Rue.
Froise les Rue 80120 RUE
Tél. : 03 22 25 09 52 lemouton.noir@orange.fr

Jean-Michel Lecat

Lieux de sortie : Baie de Somme, Le Hourdel, Cap Hornu, Réserve Naturelle.
Le marais de Laviers 80132 Grand-Laviers
Tél. : 06 35 38 06 61 www.baiedesommeautrement.net

La Fondation Nicolas Hulot pour la Nature et l'Homme

FONDATION NICOLAS HULOT POUR LA NATURE ET L'HOMME

Créée en 1990, sa vocation est de promouvoir le développement de l'éducation à l'environ-nement et de sensibiliser et responsabiliser jeunes et adultes en les soutenant dans des actions concrètes. Elle est la première fondation française reconnue d'utilité publique dans le domaine de l'éducation à l'environnement.

FNH
52, bd Malesherbes, 75008 Paris
Tél. 01 44 90 83 00
Fax 01 44 90 83 19
www.planete-nature.org

Sylvain Duvanel

Lieux de sortie : Abbeville, Baie de Somme, Le Hourdel
15 rue de la Motte 80150 Forest-L'Abbaye
Tél. : 06 84 35 30 47 www.guidesomme.fr

Isabaie

Lieux de sortie : Baie de Somme, Côte Picarde.
7 rue de l'enclos Elincourt 80960 Saint-Blimont
Tél. : 06 38 84 23 26 www.isa-baie-de-somme.com

Traces de guides :

La réseau des guides indépendants et engagés dans une démarche qualité. Retrouvez tous les guides de la Baie de Somme et leurs spécialités pour vos besoins sur-mesure.
http://www.tracesdeguides.com/

Autres activités

Découvertes à vélo accompagnées:
Vélo Baie de Somme – Gare de Noyelles-sur-Mer www.velo-baie-somme.com

Découverte de la Baie de Somme en canoës, kayaks, pirogues à Saint-Valery-sur-Somme :
Club de Kayak de Mer et Va'a de la Baie des Phoques – www.kayak-somme.com

La Maison des Guides – www.guides-baiedesomme.com
Va'a en Baie – www.vaaenbaie.com

Périodes de chasse

En tant que promeneur, il est bon de connaître les dates d'ouverture de la chasse. En France, elle ouvre officiellement entre le premier et le quatrième dimanche de septembre, et s'étend jusqu'au 28 février. Mais on peut rencontrer, selon les régions, des battues de sangliers dès le 15 août. Pour savoir avec exactitude si la chasse est ouverte, contactez la mairie de la localité où vous comptez vous rendre. Celle-ci est tenue informée des calendriers cynégétiques par la préfecture et par les associations communales de chasse agréées. Tout cela est très réglementé et dépend du Code de l'environnement. Pour en savoir plus : www.legifrance.com

Balades
en baie de Somme

Légende

1 Point d'observation et/ou d'orientation

Départ

Itinéraire

7 km Distance

2h30 Durée moyenne

Rosnay Localité la plus proche du point de départ

Familiers du lieu

Oiseaux

Mammifères

Amphibiens/reptiles

Poissons

Insectes

Flore

Comment s'y rendre ?

Point de départ

Durée et dénivelé

Meilleure période d'observation

Informations complémentaires

1 | Le sentier des dunes à **Stella-Plage**

Une boucle dans les dunes et sur la plage autour de Stella-Plage : si de belles villas ont empiété sur les dunes, le domaine, classé Natura 2000, conserve un côté sauvage d'une grande diversité.

▶ *Empruntez la rue des Flaques, puis tournez à gauche (rue des Iris) en suivant le balisage jaune. Continuez tout droit en prenant le chemin de terre, puis la rue du Guigneux* ❶*. Tournez à droite, rue des Certains. Au carrefour avec le boulevard de France, continuez tout droit et passez le portique. Aussitôt après, à gauche, gravissez la première dune.*

Repérez les pins. Plantés en 1976, l'année de la sècheresse, après une étude qui avait conclu à l'aridité du milieu, beaucoup de ces conifères n'ont pas résisté au retour de l'humidité les années suivantes.

▶ *Sortez du massif dunaire à hauteur du réservoir Véolia* ❷*, en tournant à droite. Descendez la rue du Château d'eau et traversez le boulevard Edmond-Labrasse pour prendre l'avenue du Touquet qui vous ramène dans les bois et les dunes.*

Vous traversez Le Gouffre avant d'admirer le panorama au Croc à Marie. Dans les terres, la dune blanche, élevée, s'est stabilisée grâce aux plantes qui s'y sont développées. Près de la mer, la dune embryonnaire est formée de sable dénudé qui s'amoncelle en laissant apparaître des touffes végétales.

▶ *Le cheminement mène à la plage. Vous traversez le front de mer de Stella* ❸*.*

C'est à Stella que Bertrand Blier a tourné en 1973 plusieurs scènes du film *Les Valseuses*.

▶ *Aux premières maisons de Merlimont, engagez-vous de nouveau dans les dunes.*

Vous traversez un parking et, au bout de celui-ci, vous cheminez sur le sentier dunaire. À l'intérieur du site, découvrez

Un site du Conservatoire du littoral ✿

L'acquisition de 67 ha par le Conservatoire du littoral a donné naissance à un poumon vert entre les stations balnéaires de Merlimont-Plage et de Stella-Plage, sur une bande littorale qui a vu fleurir, au cours des décennies précédentes, de nombreux projets de constructions. La protection de ce massif dunaire, caractéristique des dunes picardes, permet à de nombreuses espèces d'oiseaux et de plantes de s'épanouir.

Carte IGN 2105 ET (1 cm = 340 m)

la dune blanche, la pelouse dunaire, la dune à fourrés qui a assuré la stabilisation de la dune et la fermeture du milieu. Vous arrivez au Bois Joli, où se développent des arbres adaptés au milieu humide.

▶ *Vous sortez des dunes en franchissant une barrière ❹, juste avant un carrefour, à la limite entre Stella-Plage et Merlimont. Prenez en face l'avenue de Merlimont jusqu'au bout et poursuivez le chemin qui pénètre dans les dunes.*

Vous serpentez, en suivant un itinéraire bien fléché.

▶ *Après avoir traversé La Plaine à Baudets, le sentier ramène à une chicane en bois qui débouche sur la rue du Guigneux ❶. Vous revenez au clocher de Cucq par l'itinéraire inverse du début.*

Benoît Lobez

Oyat

Les familiers du lieu

Alouette, cochevis huppé, épervier d'Europe, pic épeichette…

Rainette verte…

Panicaut, élyme des sables, iris fétide…

PRATIQUE

Cucq est sur la RD 940, accessible par les sorties Étaples (n° 26) ou Berck (n° 25) de l'autoroute A 16.

Départ depuis le parking de l'église de Cucq.

Boucle de 10,5 km. Comptez 3 h. Le sentier est en grande partie ensablé. La progression est lente. L'itinéraire est balisé par des poteaux ou des flèches en bois (marques de couleur jaune).

Au milieu de la promenade, nombreux bars, brasseries ou restaurants offrent des possibilités de halte.

2| Un poste pour **observer la baie**

Entre dunes coiffées de pins et les mollières – ces étendues vaseuses tapissées de salicornes et de lilas de mer – cette petite balade permet de découvrir une baie immense et inviolée.

▶ *De l'aire de stationnement, empruntez la route vers la baie d'Authie et tournez aussitôt à droite pour franchir la chicane qui marque le départ du sentier de découverte.*

Cette zone forestière est souvent humide. Des aménagements permettent généralement de la traverser à pied sec.

▶ *Après la bifurcation avec l'allée des Roses ❶, continuez tout droit pour rentrer dans les dunes et la pinède.*

L'allée des Roses reliait autrefois les châteaux Delesalle et Elby. Anciennement bordée de rosiers, elle est désormais propriété du Conservatoire du littoral. Dix-neuf espèces de papillons y ont été recensées. Désireux de préserver ce milieu fragile, le Conservatoire du littoral a restauré le pâturage extensif à l'aide d'ovins et de caprins. Ne nourrissez pas les animaux et ne pénétrez pas dans leur enclos.

▶ *À la barrière basse, avant la route, tournez à gauche, ne prenez pas le chemin de l'Arrochelle (à droite), et ne poursuivez pas tout droit pour le Tour de Groffliers, pour franchir le portillon en bois et emprunter le chemin des Verrotiers (repères jaunes), sur votre gauche ❷. Vous montez par un sentie sablonneux.*

Appréciez le paysage, passant de la dune arbustive à la dune grise puis à la dune blanche, qui sépare les boisements humides du front de mer. Guettez l'envol de tadornes, ces gros canards

Un site du Conservatoire du littoral ✿

Sauvage et préservée, la baie d'Authie jouit d'un patrimoine naturel riche avec 348 espèces de flore et 101 espèces d'oiseaux, entre dunes blanches, grises et boisées, prairies, marais. Le vaste programme de restauration écologique entrepris par le Conservatoire du littoral et ses partenaires depuis 2006 a permis de faire à nouveau de la zone un important site de nidification pour les avocettes, vanneaux, cigognes… et de voir de nouvelles espèces d'oiseaux s'y installer.

Cartes IGN 2105 ET et 2106 ET (1 cm = 280 m)

© IGN Paris

au ventre roux et à l'habit noir bleuté et blanc, qui nichent dans les terriers de lapin.

▶ *Au débouché sur la baie* ❸*, rejoignez la route que vous apercevez.*

Du point haut, observez la baie et la vallée de l'Authie. Ces vastes étendues de sable et de vase, ourlées de verdure, sont des prés-salés où pousse en été la salicorne. Face à vous, à l'horizon, la pointe de Routhiauville (ou de la Dune blanche) et les premières habitations de Fort-Mahon-Plage. Ne vous aventurez pas sur les bancs de sable, car la marée a vite fait de cerner ces fragiles langues de terre. Une digue plantée d'épineux sépare les mollières salées et les vertes prairies gagnées sur la mer.

▶ *Au parking situé au-delà d'une barrière fermée chaque nuit* ❹*, reprenez la rue Charles-Delesalle pour rejoindre le parking du départ.*

Benoît Lobez

Les familiers du lieu

Goéland marin, cochevis huppé, tadorne de Bellon, aigrette garzette, épervier d'Europe, pic épeichette…

Piéride du navet, vulcain, tristan, tircis, aurore…

Salicorne, panicaut des dunes…

Salicorne

Pratique

Accès par la RD 940 (route de Berck). À Groffliers, prenez la rue Basse (à gauche), puis la rue Henri-Elby (à droite) pour gagner le parking du Madelon, rue Charles-Delesalle, face au camping-caravaning.

Boucle de 5 km. Comptez 1 heure.

Armez-vous de jumelles et de patience pour profiter de l'observatoire sur l'estuaire de l'Authie.
La baie est dangereuse. Ne vous y aventurez qu'après avoir consulté les horaires de marée.
Ils sont affichés sur le panneau d'information de l'Association des chasseurs maritimes Baie Authie Nord (4).

3 | Le sentier de la **dune de l'Authie**

Ce sentier vous invite à la découverte de la mosaïque de milieux présents dans la dune et de la diversité de ses habitants. Vous entrez au royaume des passereaux dont les chants animeront votre visite.

▶ *Sur le parking laissez-vous guider par le sentier balisé. A la fourche ❶, prenez sur votre gauche.*

Rainette verte

Sur les pontons, vous pourrez admirer sur votre gauche une panne, nom donné localement aux dépressions humides des dunes. Ces marais sont exceptionnels par l'abondance et la rareté des espèces présentes.
La panne abrite, entre autres, la rainette verte, une grenouille célèbre pour ses mœurs arboricoles. Elle occupe souvent des postes d'affût, sur des hauteurs moyennes, d'où elle chasse les insectes. L'essentiel de sa journée, pendant laquelle la grenouille demeure invisible, est consacré à l'alimentation, la nuit à la reproduction et au chant.

▶ *Vous empruntez de nouveau des pontons après avoir traversé les fourrés à argousiers et à troènes ❷.*

Vous traversez une nouvelle panne. En été, votre odorat sera peut-être attiré par la menthe aquatique. Cette plante affectionne les sols humides et frais.

Des pannes en panne d'eau

Sans action d'entretien, les pannes, les marais des dunes, s'assèchent au fil du temps, faisant disparaître la richesse de la faune et de la flore typiques de ces milieux rares. Les causes en sont multiples mais les principales sont le boisement naturel des dunes, d'une part, et les besoins croissants en eau des agglomérations, d'autre part.

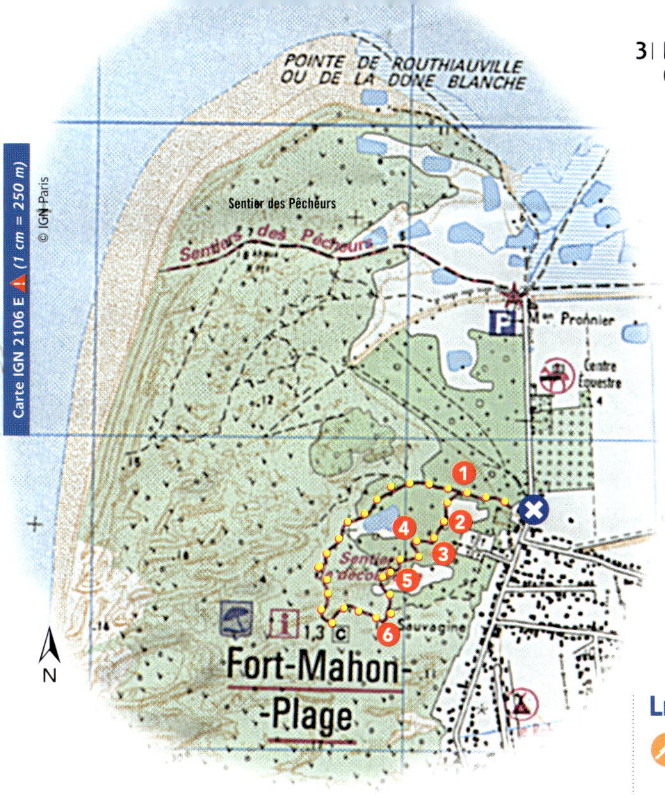

Au printemps, penchez-vous et regardez l'eau attentivement. La vie y explose. De minuscules daphnies, des crustacés, exécutent un ballet en trois dimensions tandis que le dytique, un gros coléoptère carnivore, recherche une proie à la taille de son appétit. Cette vie aquatique constitue la base de la chaîne alimentaire permettant aux grenouilles, puis aux grèbes castagneux de subvenir à leurs besoins.

Grive musicienne

▶ *Après avoir traversé un nouveau tronçon de fourrés arbustifs, vous arrivez à un promontoire vous offrant une vue sur une troisième panne* ❸.

Sur votre parcours vous reconnaîtrez peut-être la grive draine à son vol saccadé fermant ses ailes de manière longue et régulière. Particulièrement bien visible à l'automne, elle se délecte des baies au premier

Les familiers du lieu

Tadorne de Belon, tourterelle des bois, pic épeiche, pic-vert, coucou gris, troglodyte mignon, accenteur mouchet, rossignol philomèle, merle noir, grive musicienne, phragmite des joncs, fauvettes (babillarde et grisette), pouillot fitis, mésange charbonnière, serin cini, verdier d'Europe, bouvreuil pivoine…
Hivernants / migrateurs : busard Saint-Martin, épervier d'Europe, hibou des marais, bécasse des bois, grive mauvis, héron cendré…

Lapin, renard, chevreuil, sanglier ...

Triton alpestre, triton ponctué, triton crêté, crapaud calamite, rainette verte, grenouille verte, grenouille rousse…

La fleur blanche de la parnassie des marais apparaît au mois d'août.

Le Conservatoire du littoral

La vocation de cet établissement public est la préservation du littoral. Le Conservatoire est aujourd'hui propriétaire de plus de 2000 ha d'espaces naturels sur la côte picarde. Le Syndicat Mixte pour l'Aménagement de la Côte Picarde, avec le soutien du conseil général de la Somme, assure la gestion de ce domaine. Un suivi scientifique et des travaux sont régulièrement menés afin de veiller au maintien de ce patrimoine remarquable.

rang desquelles figurent celles du troène et de l'argousier. La juxtaposition de fourrés, servant d'abris, et de milieux ouverts, où abondent les insectes, est propice à la nidification et à l'élevage des jeunes oiseaux. La grive musicienne profite largement de cette opportunité et ses populations atteignent ici des densités élevées.

Au poste d'observation ❹, votre discrétion vous permettra peut-être d'apercevoir un chevreuil venu s'abreuver à la mare centrale. Celle-ci reste en eau en permanence.

▶ *Poursuivez votre chemin jusqu'au promontoire suivant ❺ ; descendez ensuite vers un ponton.*

Ce passage est un lieu privilégié pour contempler la flore typique des marais à l'image de la parnassie des marais et de l'orchis incarnat, deux espèces protégées dont la cueillette est donc strictement interdite. La présence des végétaux est étroitement liée aux fluctuations du niveau de l'eau ; ils peuvent s'éclipser durant plusieurs années en attendant le retour de conditions favorables pour s'épanouir.

▶ *Vos pas sont guidés par une voûte arbustive qui vous conduit vers un espace de dune blanche ❻.*

Faites particulièrement attention. Dans les taillis se cache sans doute le pouillot fitis, reconnaissable à son ventre blanc et à son plumage verdâtre au-dessus. Il chante pendant tout le printemps et quitte en automne les dunes de la Somme pour l'Afrique.

Les batraciens sont très bien représentés ici. Le crapaud calamite, reconnaissable à la ligne jaune pâle qui souligne sa colonne vertébrale, affectionne tout particulièrement les substrats sableux et les pannes peu profondes.

Cette mare productrice d'invertébrés et de petits poissons, s'avère propice à la recherche de nourriture pour le héron cendré et pour le

Crapaud calamite

Pour tous les goûts et de toutes les couleurs...

Les baies des arbustes des dunes ne font pas seulement le régal des passereaux, mais elles sont également utilisées en pharmacologie. En effet, les fruits bleuâtres du prunellier et ceux, orangés, de l'argousier, riches en vitamine C, sont de formidables remontants. Mais attention il faut en connaître les secrets de préparation et, surtout, éviter les baies noires du troène qui provoquent des entérites avec crampes d'estomac et vomissements !

grèbe castagneux. Approchez sans bruit pour augmenter vos chances d'observer l'un ou l'autre de ces oiseaux.

▶ *Continuez votre promenade pour rejoindre très vite maintenant votre point de départ.*

Grégory Cassoret,
Syndicat Mixte Baie de Somme - Grand Littoral Picard

Castagneux d'été

Castagneux d'hiver

Le plumage des grèbes castagneux est beaucoup plus clair en hiver qu'en été. Le chant en trilles aigus de ces oiseaux est très sonore.

L'orchis incarnat pousse dans les prairies humides, dans les marais et au creux des dunes.

PRATIQUE

A partir de Calais, prenez l'autoroute A 16 sortie Berck et suivez la direction Berck-Plage afin de rejoindre la D 143 puis la D 940, en direction d'Abbeville. Après Conchil-le-Temple, tournez à droite sur la D 120 E qui vous conduira à l'entrée de Fort-Mahon-Plage. Au château d'eau (accueillant un mur d'escalade), prenez la première rue à droite (rue de l'Authie), en direction de la baie, qui débouche à l'entrée de la station. En venant de Paris, prenez l'A 16, sortie Rue, et suivez la D 940 en direction de Rue et de Fort-Mahon-Plage jusqu'à l'entrée de cette station balnéaire. Traversez le carrefour et prenez la rue de l'Authie vers la baie.

Le sentier est accessible par le parking situé sur votre gauche (après l'impasse menant au cimetière), 500 m avant d'arriver dans la baie de l'Authie.

Cette petite balade bucolique de 2,5 km vous demandera environ une heure selon le temps que vous consacrerez à l'observation du site et de ses hôtes. Pour vous faire accompagner par un guide, renseignez-vous à l'office de tourisme.

Les paysages sont à découvrir en toutes saisons : floraison au printemps, chant des batraciens et flore des marais en été, baies des arbustes et ballets des passereaux en automne, grives en hiver. Au crépuscule, vous vivrez le spectacle étonnant d'un concert de batraciens et entendrez peut-être l'engoulevent d'Europe.

Un autre sentier, celui des Pêcheurs, vous permet de découvrir la baie d'Authie en contournant la pointe de Routhiauville. Par la rue de l'Authie (dans Fort-Mahon-Plage), allez jusqu'à la baie. Empruntez l'estran ; revenez par le sentier des Pêcheurs. Merci de vous conformer à la réglementation du site annoncée par des panneaux implantés sur le parking de la baie d'Authie.

PIERRE & VACANCES Accès depuis Belle Dune : rendez-vous à Fort-Mahon-Plage (à pied ou à vélo) et prenez la rue de l'Authie, en direction de la baie jusqu'au parking indiqué ci-dessus.

De Fort-Mahon-Plage à Quend-Plage ✿

5 km | 1 h 30 | Fort-Mahon-Plage

4 Le sentier du **Royon**

Entre Fort-Mahon-Plage, Quend-Plage et l'écovillage de Belle Dune s'étend la dune du Royon, propriété du Conservatoire du littoral. Un chemin balisé vous invite à découvrir cet espace naturel sensible où l'oyat est roi.

▶ *L'entrée s'effectue dans une zone dunaire* ❶.

L'oyat est le végétal le plus développé et permet de fixer le sable. Après le premier virage, votre regard sera sans doute attiré par les étendues de mousses qui tapissent le sol. Vous pénétrez sur la dune grise et ses pelouses rases. D'une couleur grisâtre par temps sec, ces mousses se teintent d'un vert lumineux en cas d'averse. Faites-en l'essai en versant de l'eau.
Les nombreuses boulettes au sol sont les crottes du lapin qui a élu domicile ici.

Le lapin a creusé son terrier dans le sol stabilisé par un tapis de mousses.

▶ *Tournez à droite* ❷. *Vous quittez la dune arbustive pour entrer dans une plaine dunaire où vous retrouvez l'oyat.*

Troènes, sureaux et argousiers côtoient des saules, plus hauts. Ces arbres sont autant d'abris pour la fauvette grisette et la tourterelle des bois. Celle-ci, arrivée à la fin du mois d'avril ou au début du mois de mai, s'est installée au plus profond des massifs arbustifs. Elle signale sa présence par son chant.

Mer en terres ✿

Marquenterre signifie littéralement la mer en terres. Ce massif dunaire, le plus grand ensemble du nord de l'Europe, a été reconnu comme site classé par décret du 18 septembre 1998 pour le caractère unique et exceptionnel de ses paysages.

Mais c'est le rossignol qui a la voix la plus puissante.

Sur les points les plus hauts, vous disposez d'une vue générale sur le site, ce qui vous permet de voir la mer ainsi que les différentes strates de la végétation qui recouvre la dune.

▶ *Vous changez de décor en entrant dans la pinède* ❸.

Les pins ont été plantés afin de fixer la dune. La pauvreté du sol acidifié par les aiguilles – celles-ci se dégradent très lentement et le privent de lumière – ne permet pas le développement de végétaux, comme dans les sous-bois de feuillus. C'est ici que vous apercevrez peut-être un écureuil.
La mésange noire inspecte chaque branche à la recherche du moindre insecte. Elle fait partie d'une bande nombreuse toujours en mouvement, appelée ronde. A celle-ci se sont joints quelques mésanges bleues et roitelets triple-bandeau.

Les familiers du lieu

Tadorne de Belon, tourterelle des bois, pic épeiche, pic vert, coucou gris, troglodyte mignon, rossignol, rougegorge, tarier pâtre, fauvettes (babillarde, grisette et à tête noire), loriot, rougegorge d'Europe, pinson des arbres…
Hivernants / migrateurs : busard des roseaux, busard Saint-Martin, grive litorne…

Lapin, renard, chevreuil, écureuil, sanglier…

Fous de Bassan

Attention, dune fragile !

Qu'elle soit de sable ou boisée, la dune est en permanence menacée par les visiteurs qui, parfois imprudents, l'occupent pour y camper, pour y faire un feu de camp ou encore pour s'adonner à la luge de sable ! Pour ne pas mettre en danger la flore, toutes ces activités sont interdites.

Roitelet triple-bandeau

Laissez-vous envahir par l'atmosphère apaisante qui règne ici. Le bruit assourdissant de la mer et des vents forts semble bien loin.

▶ *En sortant de la pinède, vous arrivez à l'endroit où le sentier débouche sur la commune de Quend-Plage. Prenez à droite et longez le parking pour arriver sur la plage* ❹.

Avec vos jumelles, scrutez l'horizon, au niveau des bouchots – les piquets plantés pour élever des moules – et en pleine mer. Au premier plan, de nombreux goélands se reposent après avoir chapardé quelques moules. Si les adultes des différentes espèces sont reconnaissables à leur taille et à la couleur de leurs ailes, la détermination des jeunes est plus difficile. Leur plumage marron ne permet pas de les distinguer très aisément. Accoutumez-vous à reconnaître le goéland argenté et le goéland marin, le plus imposant de tous.

Goéland marin

Au bord de l'eau, de nombreux petits échassiers courent de façon groupée. Ces bécasseaux sanderling se caractérisent par leur plumage très clair en hiver. Spécialistes du sable battu par les flots, ils récupèrent les quelques annélides et crustacés qui parviennent à subsister ici.

Le site est idéal pour observer les migrations de nombreux oiseaux marins. Les fous de Bassan sont fidèles chaque année à leur rendez-vous automnal. Les eiders effectuent des déplacements locaux, en fonction des gisements de coquillages.

Eider à duvet

▶ *Au bout de la plage, remontez dans Fort-Mahon- Plage par l'avenue de la plage* ❺ *pour rejoindre votre véhicule.*

L'onagre, dont les fleurs jaunes apparaissent en été, apprécie les sols sableux.

Allez l'oyat

Graminée typique de la dune blanche, l'oyat appelé localement "gourbet", est très résistante aux embruns, mais très sensible au piétinement. Son système racinaire peut s'accroître de 2 m par an à condition que l'ensablement soit progressif. Elle est pour cela couramment utilisée pour la fixation des dunes.

Cette incursion citadine vous permettra encore une fois de constater le travail combiné du sable et du vent qui conduit à des amoncellements, semblables à des micro-falaises, comme dans le cas d'une création de dune.
Sur les faibles portions non urbanisées de Fort-Mahon-Plage, se développe le panicaut ou chardon des dunes. Cette plante affectionne la dune mobile et tolère très bien les embruns. Le Conservatoire du Littoral en a d'ailleurs fait son emblème et sa cause pour préserver nos rivages.

Avec l'oyat, l'euphorbe des dunes est l'une des seules plantes qui parviennent à s'implanter durablement sur le sable.

Grégory Cassoret,
Syndicat Mixte Baie de Somme - Grand Littoral Picard

Le chardon des dunes

Chardon ? Il n'en a que l'allure et le nom car il s'agit d'une ombellifère, de la même famille que la carotte. Les fleurs bleutées du panicaut s'épanouissent en été. Ne les cueillez pas. Elles donneront des graines qui se disperseront au gré du vent, ce qui permettra le renouvellement de cette espèce rare.

PRATIQUE

A partir de Calais, prenez l'autoroute A 16 sortie Berck, puis la direction Berck-Plage afin de rejoindre la D 143 et la D 940 vers Abbeville. Après Conchil-le-Temple, tournez à droite : la D 120 E vous conduira à l'entrée de Fort-Mahon-Plage. En provenance de Paris, prenez l'A 16 sortie Rue puis la direction Rue / Fort-Mahon-Plage par la D 940. Dans Fort-Mahon-Plage, suivez l'avenue centrale de la plage jusqu'à l'office de tourisme que vous dépassez. Le parking se situe sur la place à gauche.

Le départ se fait au parking du Royon, situé au niveau de la place du Général-Leclerc. Ce parking est payant en été. Une partie des bénéfices est reversée à l'entretien du sentier : l'utiliser contribue donc à la préservation et à la mise en valeur du site !

Prévoyez environ 1 h 30 sans les pauses. Ce sentier de sable plus ou moins stabilisé ne présente qu'un seul dénivelé important. Des tables de pique-nique sont à votre disposition sous la pinède, côté Quend-Plage. Le retour par la plage vous permettra de prendre un bain de pieds rafraîchissant (munissez-vous d'une serviette !). Merci de vous conformer à la réglementation du site annoncé par des panneaux à l'entrée du sentier. Informez-vous des horaires de marée. Par fort coefficient et tempête, nous vous conseillons, quand la mer est haute, de revenir par l'intérieur des terres.

Vous pouvez vous balader en toute saison.

PIERRE & VACANCES Accès depuis Belle Dune : au départ de l'écovillage, un sentier vous permet d'accèder directement au Sentier du Royon (au niveau b).

8 km | 3 h | Le Hourdel

5 | L'une des plus belles réserves littorales de France ✿

Barge à queue noire

La réserve naturelle nationale de la baie de Somme figure parmi les hauts lieux de la nature en France, en raison de l'abondance des oiseaux migrateurs et de la présence de la plus importante colonie française de phoques veaux marins.

▶ ❶ *Stationnez votre voiture le coffre vers le large, afin d'éviter que le sable et les embruns entrent dans le moteur. Au fond du parking, longez la clôture.*

Ici, l'ensablement est très fort et la terre gagne sur la mer.

▶ *Longez la digue le long de la Maye jusqu'au pont qui vous permettra de franchir ce petit fleuve. Traversez cette zone avec prudence, car elle est souvent boueuse. .*

La vue est ici très belle sur les polders du Champneuf où l'alternance de prairies et de champs cultivés attire de nombreux oiseaux.

▶ ❷ *Au niveau du pont, vous continuez à longer la rive droite de la Maye.*

Dans celle-ci se trouvent souvent une aigrette garzette, un grèbe castagneux, voire un couple de canards colverts. La végétation des berges est composée d'espèces de milieux saumâtres.

▶ ❸ *Au carrefour, vous laissez le chemin des bergers sur votre droite et vous continuez en longeant le Parc Ornithologique du Marquenterre.*

Une clôture a été installée pour éviter la pénétration des humains et des sangliers, afin de ne pas déranger les oiseaux.

❹ ❺ ❻ Restez bien dissimulé derrière les palissades d'observation, qui vous donnent un aperçu des oiseaux stationnant dans le Parc. Ne passez pas le bras dans les visées, ne montez ni sur les palissades, ni sur les digues à proximité.

Un site du Conservatoire du littoral

Le parc ornithologique du Marquenterre, partie intégrante de la réserve naturelle de la baie de Somme – qui s'étend sur 3 000 ha –, est le lieu de prédilection de nombreuses espèces d'oiseaux. Avocettes, tadornes de Belon, aigrettes garzettes ou encore spatules d'Europe trouvent un lieu propice à la nidification dans ce qui fut le premier parc de visite français consacré aux oiseaux et acheté en 1987 par le Conservatoire du littoral.

(1 cm = 250 m)

Canard pilet

Avocette

▸ **6** *À partir de ce point, vous pouvez poursuivre jusqu'au banc de l'Islette, à environ 1 km. Vous pouvez également retourner sur vos pas et voir l'estuaire de la Maye sous un autre angle.*

Remarquez que cet estuaire est un modèle réduit de l'estuaire de la Somme, avec la même succession entre les vasières et les milieux végétalisés qu'on appelle ici des **mollières**, ou des **prés-salés**.

▸ **7** *Il est possible de retourner en suivant le cheminement laissé par le passage des mytiliculteurs. Cette portion du circuit, qui est un raccourci, ne peut et ne doit se faire qu'à marée basse. La traversée de la Maye n'est d'ailleurs possible qu'au cours de la période d'été quand elle est à son plus bas niveau. En cas de doute, il faut retourner sur vos pas et passer sur le pont de la Maye. Ne passez pas si la mer n'est pas totalement basse.*

Les familiers du lieu

Avocette, tadorne de Belon, aigrette garzette, cigogne blanche, spatule d'Europe, héron cendré, canard pilet, barge à queue noire…

PRATIQUE

À partir du Crotoy, la départementale D 4 contourne le marais communal du Crotoy, pour déboucher à gauche sur une impasse et sur un parking situé face au schorre de l'embouchure de la Maye. Roulez doucement le long de cette route qui permet une vue sur de nombreux oiseaux.

Cette promenade est très facile et permet d'observer des oiseaux dans de bonnes conditions.

Munissez-vous de jumelles (grossissement 10), d'une bouteille d'eau, notamment en été. Évitez de marcher pieds nus car malgré le soin apporté au nettoyage de la partie haute de l'estran, il reste des morceaux de verre.Les chiens sont interdits dans la réserve alors prévoyez de laisser le vôtre dans un endroit ombragé et frais et non dans la voiture sur le parking. De manière générale, restez à une distance d'environ 300 mètres des groupes d'oiseaux.

15 km | 5 h

6 | Une journée dans **la réserve**

Découvrir toutes les facettes de la réserve naturelle nationale de la baie de Somme et de la partie méridionale du massif dunaire du Marquenterre nécessite une promenade d'une journée… mais quelle journée !

▶ *Un petit chemin de sable, au sud de la forêt de pins ❶, ouvre la balade.*

La plantation de pins héberge le roitelet huppé, une boule de plumes au cri strident. De l'autre côté du chemin, les pâtures sont, au printemps, le lieu de rassemblement des oies cendrées et des vanneaux huppés dont quelques couples restent ici pour élever leur nichée. Lorsque la mer est trop forte, les goélands cendrés trouvent refuge sur ces zones abritées.

Chevalier gambette

▶ *Le chemin tourne à gauche. Vous longez le Parc du Marquenterre ❷, partie terrestre de la réserve.*

La pâture rase au premier plan est la zone privilégiée des cigognes blanches. Cette espèce a fait l'objet d'un programme de réintroduction.

▶ *Encore quelques mètres de montée et, soudain, la baie de Somme s'offre à vos yeux ❸. Prenez à droite pour longer la digue du Parc, édifiée à la fin des années 50.*

Les mollières, ou prés salés, sont entrecoupées de chenaux dans lesquels quelques chevaliers gambettes aux pattes rouges cherchent leur alimentation. La blanche aigrette garzette, qui niche dans le parc, vient capturer les petits poissons de la Maye, voire même les crevettes, abondantes ici. A vos pieds, le glaux maritime forme une pelouse rase. Evitez de piétiner le végétal presque rampant.

▶ *Vous arrivez au niveau d'un poste d'observation ❹ donnant sur le Parc. Une pause vous permet de reprendre votre souffle.*

Dans le Parc, des canards colverts attendent patiemment la

Sauvegarder, protéger, conserver

Créée par décret ministériel du 21 mars 1994, la Réserve naturelle nationale de la baie de Somme a pour triple objectif de sauvegarder des espaces importants pour les oiseaux, de veiller à la pérennité de la colonie de phoques et d'assurer la conservation des éléments les plus rares de la flore locale.

Carte IGN 2106 ET ⚠ (1 cm = 500 m)

tombée du jour pour s'alimenter. D'avril à juin, la colonie d'avocettes, un échassier noir et blanc aux pattes grêles et au bec retroussé, se distingue de loin. D'apparence fragile, cet oiseau n'hésitera pas à vous frôler la tête s'il s'agit de défendre sa progéniture. Gardez vos distances et restez discret.

▶ *Continuez votre chemin le long de la digue du Parc jusqu'au grand virage à droite* ❺.

Sur ce tronçon, matérialisé par des bornes, trois postes d'observation ont été aménagés pour vous permettre d'apercevoir les oiseaux du Parc ornithologique. Ainsi vous ne dérangez pas les espèces qui passent ici l'hiver ou qui viennent s'y reproduire chaque année. Vous découvrirez des cygnes tuberculés, qui profitent toute l'année de la richesse du site en algues, graines et plantes aquatiques dont ils se nourrissent, ainsi qu'une colonie de mouettes rieuses. A quelques mètres, le grand échassier blanc au bec en forme de cuillère n'est autre que la spatule blanche, qui fait escale ici au cours de ses voyages (au printemps et à la fin de l'été) entre l'Afrique et les Pays-Bas et se reproduit depuis 2000. Côté baie, tous les chevaliers et bécasseaux visibles en Europe peuvent être là. Le chevalier gambette et le bécasseau variable sont les plus abondants. En hiver, vous observerez les

Les familiers du lieu

Grèbe huppé, grèbe castagneux, héron cendré, aigrette garzette, spatule blanche, cygne tuberculé, tadorne de Belon, canard colvert, huîtrier-pie, avocette, vanneau huppé, mouette rieuse…
Hivernants / migrateurs : canard pilet, courlis cendré, bécasseau variable, pluvier argenté, barge rousse, chevalier gambette, chevalier guignette, bécasse des bois, goéland cendré, goéland argenté, goéland marin, mouette rieuse, alouette haussecol, linotte à bec jaune…

Sanglier, chevreuil, écureuil, lapin de garenne, rat musqué, renard…

Haute protection

Des mesures exceptionnelles réglementent la Réserve naturelle de la baie de Somme. Classée selon la loi de 1930 sur la protection des sites, elle est aussi un espace de protection spéciale pour les oiseaux et de conservation au titre de deux directives européennes. Elle bénéficie enfin du label de la convention de Ramsar pour les zones humides d'importance internationale pour les oiseaux.

Au royaume des oiseaux

Le Marquenterre est la partie de la réserve naturelle la plus utilisée pour le développement d'activités de découverte de la nature et en particulier des oiseaux. Ce parc ornithologique couvre environ 200 ha, dont 180 appartiennent au Conservatoire du littoral. Il sera peut-être la destination de votre prochaine balade ?

Pour casser la coquille des mollusques qu'il saisit, le goéland argenté les laisse tomber d'une certaine hauteur.

canards pilets, les courlis cendrés et les tadornes de Belon qui se gavent ici d'un minuscule escargot, l'hydrobie. L'huîtrier-pie, un spécialiste de l'ouverture des coques, est considéré comme un redoutable concurrent pour les pêcheurs de la baie. Pour assurer la tranquillité de toutes ces espèces, une seule consigne s'impose, rester sur l'itinéraire balisé.

▶ *Empruntez le chemin 6 des mytiliculteurs – ils acceptent parfois de prendre sur leurs tracteurs les promeneurs les moins courageux !*

Le banc de l'Islette, que vous traversez maintenant, vous permet de noter sans effort les différents stades d'évolution de la dune. Sur votre droite, une zone basse protégée par le banc de sable reste en eau la majeure partie de l'année. Dans les zones submergées, une végétation de prés salés dominée par le lilas de mer – sa cueillette est interdite dans la réserve naturelle – se développe. Egalement colonisées par de nombreuses plantes, les mares d'eau douce se comblent rapidement. Ceci explique l'entretien destiné à conserver le paysage dénudé originel. Les faisans occupent les zones sèches, tandis que bécassines des marais et vanneaux huppés se partagent les plus humides. Foulques, canards colverts et pilets exploitent les plans d'eau.

▶ *(A partir de là, la marche dans le sable étant longue et difficile, vous pouvez choisir de retourner sur vos pas.)*

▶ *Quittez le complexe écologique du banc de l'Islette et de l'anse Bidard puis continuez tout droit 7 sur une zone battue par les flots.*

Les bouchots de moules attirent ici de nombreux goélands argentés et un groupe d'eiders à duvet parmi lequel les mâles, noirs et blancs, sont minoritaires.

▶ *Un panneau indique l'entrée du chemin d'accès à la mer 8 que vous empruntez, vers la terre.*

Au sommet de la dune, un panorama superbe vous attend. Sur l'estran, à marée basse, s'alignent les bouchots de moules. Avant d'entrer dans la pinède, observez les pins ; ils sont alignés du petit vers le plus grand. Le vent et les embruns limitent le développement des arbres les plus proches de la mer.

▶ *Enfoncez-vous dans la pinède ⑨.*

Après quelques centaines de mètres, des traces de sangliers, dont le passage répété forme un couloir, sont visibles sur le sol.

▶ *Vous entrez dans un secteur de dunes couvertes de pelouses rases bordées de massifs arbustifs ⑩.*

Engoulevent d'Europe

Ici vivent, en faibles effectifs, le tarier pâtre, le traquet motteux et surtout l'engoulevent d'Europe. Vous ne verrez cette espèce qu'au coucher du soleil, de la mi-mai au mois de juillet, les jours doux et sans vent quand les oiseaux chassent en vol de gros insectes. La lande arbustive et le relief des dunes s'effacent progressivement du paysage ⑪.

▶ *Après un dernier passage dans la pinède ⑫, vous sortez du sentier. Si vous n'avez pas laissé de véhicule sur le parking, vous devez encore parcourir 6 km. Prenez les chemins sur votre droite en contournant Saint-Quentin-en-Tourmont.*

Le sable a, jadis, enseveli à plusieurs reprises ce village. Dans les pâtures se trouvent les hensons, des chevaux d'origine locale, que les Haras de France ont reconnus comme race en 2003. En mai et juin, les orchidées sont en fleurs.

▶ *Dépassez l'entrée du Parc du Marquenterre ⑬. Le chemin des Bergers est indiqué à droite ⑭.*

Les baies de l'argousier et du sureau attirent les pouillot fitis et les mésanges. Ces oiseaux suscitent eux-mêmes la convoitise de rapaces comme le faucon crécerelle ou l'épervier d'Europe.

Patrick Triplet, Grégory Cassoret et Grégory Rollion (Syndicat Mixte Baie de Somme - Grand Littoral Picard),
François Sueur (Groupe Ornithologique Picard)

Avocette

Attention fragile !

L'avocette s'est reproduite pour la première fois en baie de Somme en 1975. Après une période florissante jusqu'au milieu des années 1980, la population a décliné pendant dix ans. Seules les nouvelles mesures de gestion de l'eau ont permis un redressement. L'avocette reste donc une espèce sous haute surveillance.

PRATIQUE

Prenez l'A 16 sortie puis direction Rue. A Rue, passez les deux ronds-points en direction de Quend et de Fort-Mahon-Plage, puis tournez à gauche (D 4) vers le Parc ornithologique du Marquenterre. Suivez ensuite la D 204 et entrez dans le hameau du Bout-des-Crocs. A un carrefour en patte d'oie, prenez une première puis une seconde fois à gauche en suivant le panneau "Sentier des Bergers". Un chemin empierré vous conduit à l'entrée de la réserve.

L'entrée du sentier est matérialisée par une signalétique d'information.

5 heures de marche pour 15 km. Ajoutez 2 heures pour la pause pique-nique et les arrêts nécessaires pour les observations. Vous pouvez laisser une voiture au point ⑫ si vous disposez de deux véhicules. Munissez-vous d'eau. Cette balade peut s'effectuer à cheval ; renseignez-vous auprès des centres équestres de la baie. Les chiens ne sont pas admis dans la réserve naturelle. Vérifiez les horaires de marée et partez quand la mer descend ; il est difficile de se promener le long du Parc ornithologique à marée haute.

Cette promenade offre des nouveautés à chaque saison en raison du rôle joué par la réserve naturelle comme zone d'escale pour de nombreux migrateurs.

7 | Petit détour par la **forêt**

Le sentier emprunté autrefois par les équipages de chasse à courre vous conduit dans des espaces, où la nature se donne littéralement en spectacle. Dans ce paysage composé avec un souci esthétique, vous oublierez facilement qu'il a été façonné par la main de l'homme.

▶ *Face à la grille du château, franchissez la route et empruntez le chemin vers le pont* ❶.

La partie basse du parc, dont les bosquets ont été plantés en 1842, est sans doute la plus pittoresque. Elle s'étend entre marais et forêt dans la vallée de la Maye. Près du pont serpente la rivière et, sur un îlot, se dressent des pans de murs en ruines, artifices modernes évoquant le château féodal qui se dressait là jadis.

▶ *Suivez le chemin et passez de bosquets en clairières* ❷.

Alimenté par des sources, l'étang de 6 ha sert d'habitat à une population de carpes et d'anguilles, placé sous la surveillance d'un couple de cygnes. Aux abords des clairières, quelques bouquets de pins sylvestres côtoient des chênes et des hêtres centenaires isolés en ponctuation dans le paysage.

▶ *Au calvaire* ❸, *prenez l'allée de Regnière-Écluse qui monte en forêt.*

Du carrefour de Saint-Hubert, la vue est imprenable vers le château situé sur la colline en face. Le calvaire est là pour rappeler qu'autrefois dans ces bois vivait Wulphy, un ermite du VIIe siècle. À quelques pas de là, vous quittez le domaine du château pour entrer dans la forêt domaniale de Crécy.

▶ *Environ 200 mètres après la barrière, tournez à droite et continuez par la « Sommière du Cygne »* ❹.

Desservie par un maillage d'allées droites et de layons qui délimitent les parcelles d'exploitation, la forêt de Crécy conserve plusieurs spécimens d'arbres multi-centenaires, tels le Hêtre du Cygne.

Un héritage transmis par le Comte de Nicolay au Conservatoire du littoral ✿

Situé entre mer et forêt, le domaine millénaire de Regnière-Écluse est un bel exemple de patrimoine vivant, acheté en 2008 par le Conservatoire du littoral. Autour du vaste parc paysager à l'anglaise, s'étendent terres, marais et hêtraies, où vivent sangliers et chevreuils. L'intervention du Conservatoire du littoral pour préserver et valoriser ce site unique fait partie de ces opérations à caractère exceptionnel et emblématique de l'établissement. Le site rejoindra d'autres sites prestigieux du Conservatoire tels l'Abbaye de Beauport ou le domaine du Rayol.

Carte IGN 2106 ET ⚠ (1 cm = 250 m)

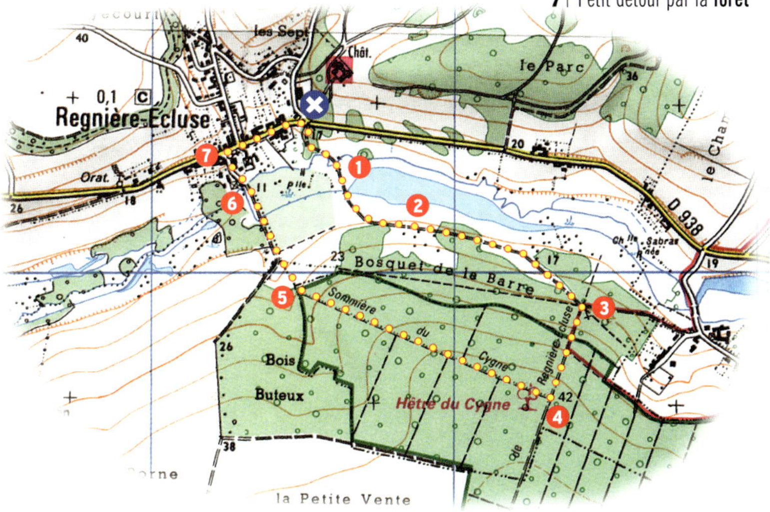

▶ *En sortant de la forêt, gagnez le chemin communal à main gauche* ❺.

Le chemin rejoignant le village traverse une zone de marais : la Maye s'y accroît de nombreuses sources. Près des maisons, une écluse est le dernier vestige d'un ancien moulin ❻. Passez le pont et continuez par la rue du Moulin vers l'église.

▶ *Au monument aux Morts, prenez la rue à droite* ❼ *et continuez pour retrouver votre stationnement.*

Derrière les murs du vieux cimetière, se dresse l'église Saint-Martin. Le chevet datant du XVIe siècle, tout comme la chapelle seigneuriale en guise de transept, sont dus à la munificence des anciens châtelains.

Aurélien Marty

Les familiers du lieu

Chevreuil, sanglier…

Chevreuil

PRATIQUE

D'Abbeville, par la D 1001 et l'A 16 sortie n° 24 (Bernay) ; par la D 938 depuis Rue et Crécy-en-Ponthieu. Stationnement possible dans la pâture en face des grilles du château (barrière ouverte), sinon à proximité dans le village. Site géré par l'Association du Domaine de Regnière-Écluse (03 22 23 33 81).

Comptez environ 1 h 30 pour cette balade, selon votre rythme. Dénivelés sur les deux tiers du parcours le rendant parfois un peu sportif.

Balade à faire de mai à octobre, sauf les jours de chasse où elle est déconseillée.

À voir : les jardins et l'abbaye cistercienne de Valloires, à Argoules. Jardins : 03 22 23 53 55 (www.baiedesomme.fr). Abbaye : 03 22 29 62 33 (www.abbaye-valloires.com).
OT de Rue : 03 22 25 69 94.

6 km 2-3 h

8 Balade en lisière de forêt

Venez admirer la succession de paysages variés que vous offre cette balade : un petit village au creux d'un vallon, des cultures, une lisière forestière, des prairies, la vallée de la Maye et enfin la forêt de Crécy.

▶ *Prenez la voie sans issue dont le panneau est situé à proximité du calvaire ❶.*

En limite du hameau de La Bucaille, les conifères introduits dans les jardins permettent l'écoute, en automne, du roitelet huppé, repérable à ses petits cris aigus. Ce minuscule oiseau verdâtre passe très rapidement d'une branche à l'autre. Adoptant un comportement identique, son cousin le roitelet triple-bandeau s'en distingue par le sourcil blanc qui souligne chaque œil.
Le chemin gravillonné sépare le hameau des cultures. La proximité de la forêt permet d'observer le pinson des arbres à la recherche de graines au sol, et, de l'automne au début du printemps, son proche parent, le pinson du Nord.

▶ *Au sommet de cette petite côte ❷, avant un virage à angle droit, le chemin vous offre une vue d'ensemble sur la partie occidentale de la balade.*

Le village de Bernay-en-Ponthieu s'étire dans un vallon. La ferme de Retz à Coulon se niche en bordure de la vallée ; une belle maison à colombages, de facture récente, se dresse à proximité. Au nord-ouest, apparaissent l'église et le château de Régnière-Ecluse, en partie cachés par les arbres.
La zone de cultures dans laquelle vous vous trouvez est fréquentée par les choucas des tours, en provenance du château de Régnière. Les corbeau freux appartiennent à l'une des trois colonies d'Arry et les corneilles noires sortent de la forêt de Crécy. Ce secteur est aussi survolé par des laridés de la baie de Somme s'alimentant dans la journée à l'intérieur des terres : mouette rieuse, goélands cendré et argenté.

La buse variable

Nicheuse en lisière de la forêt ou au cœur de celle-ci, la buse s'alimente de rongeurs dans les clairières, les prairies et les cultures voisines du massif forestier. Ses parades s'observent dès la fin de l'hiver. L'oiseau sera ensuite beaucoup plus discret pendant la période de reproduction. Les buses de la forêt de Crécy sont plutôt brunâtres mais les individus très clairs, aux parties inférieures presque blanches ne sont pas rares. D'où son nom de… variable.

Carte IGN 2106 ET ⚠ (1 cm = 250 m)

© IGN Paris

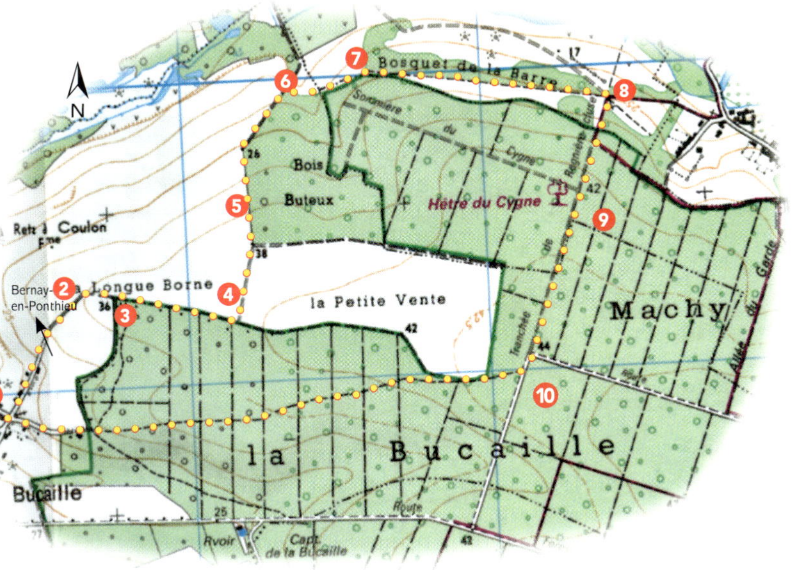

▸ *Le chemin longe ensuite la forêt de Crécy* ❸.

Les hêtres dominent ici mais quelques chênes pédonculés s'observent également. Le sous-bois est constitué de houx. Echappant à la domination des hêtres et des chênes grâce à leur situation en lisière, de nombreux arbustes et arbrisseaux peuvent se développer : prunellier, coudrier ou noisetier, érable sycomore et bouleau blanc. Le geai des chênes vient ici compléter son régime. En automne, les noisettes constituent pour lui un mets de choix. Ses cris et son croupion blanc permettent de le repérer facilement. Dans les éclaircies de la forêt, s'épanouit la fougère aigle. En retrait de la lisière des épicéas, le traditionnel sapin de Noël, forment une pessière (une plantation d'épicéas) dense.

▸ *Après un virage à gauche, vous traversez la zone de cultures de la Petite Vente* ❹.

Des groupes de corneilles noires viennent de ce massif. A l'inverse du corbeau freux, qui vit en groupe, la corneille est généralement solitaire, sauf en bordure de forêt.

▸ *Le chemin empierré longe le bois Buteux* ❺ *en lisière duquel se trouve une installation de chasse, véritable hutte sur pilotis en milieu forestier.*

La hêtraie abrite la sittelle torchepot affectionnant les faînes de ces arbres. Elle coince le fruit dans la crevasse d'un tronc

Les familiers du lieu

Cygne tuberculé, buse variable, épervier d'Europe, sittelle torchepot, roitelet huppé, pinson des arbres…
Hivernants / migrateurs : fuligule milouin, hibou moyen-duc, pinson du nord…

Chevreuil, sanglier, écureuil…

Geai des chênes

Le crépuscule et l'aube sont les moments privilégiés pour observer les chevreuils.

Traces du sanglier

Les traces du sanglier

Omnivore, le sanglier se nourrit de glands, de faînes, de racines, de bulbes, de fruits, de champignons, de lombrics, d'insectes, de larves, de charognes… En forêt, ses traces les plus fréquentes sont : les boutis, formés par la terre remuée par son groin ; les souilles, où il se vautre dans la boue, et les frottis, les traces de boue et de poils sur les troncs où il se gratte après son bain.

Attention aux faons

En circulant sur des chemins peu fréquentés et très enherbés en mai et juin, vous pouvez rencontrer un faon de chevreuil, seul. Ne le croyez pas abandonné, sa mère se trouve à proximité. Ne le touchez pas, mais observez-le quelques instants, une telle occasion est exceptionnelle. Eloignez-vous ensuite tranquillement.

et perce sa coque pour en récupérer l'amande. Au bord du chemin, un creux marque l'impact d'un trou de bombe de la Seconde Guerre mondiale. Le sous-bois se compose de houx et de ronces. En lisière, le fusain d'Europe porte, en automne, des fruits d'un rose corail vif, contenant des graines oranges. Quadrilobés, ils ont une forme de chapeau d'évêque.

▶ *Par un sentier légèrement encaissé 6, gagnez des prairies bordant la forêt. A l'intersection où vous apercevez l'église et l'étang de Régnière 7, prenez le chemin communal sur votre droite entre les prés et une friche. Attention, les parcelles qui l'entourent sont privées. La chasse y est pratiquée d'octobre à février, le dimanche.*

L'étang est le lieu de reproduction du grèbe castagneux, repérable aux trilles aigus de son chant, et du grèbe huppé, aux parades spectaculaires, au printemps. Un couple de cygnes tuberculés niche sur le site. Parmi les autres anatidés, seul le fuligule milouin vient régulièrement, en automne et en hiver. Très dégagé, le secteur est propice à l'observation de rapaces nicheurs dans la forêt ou en lisière. La buse variable est houspillée par les corneilles noires. L'épervier d'Europe chasse les passereaux par surprise et le faucon crécerelle, à la recherche de rongeurs, fait le “Saint-Esprit” au-dessus d'une prairie.

▶ *Vous arrivez à l'intersection de cinq larges chemins et d'un sixième beaucoup plus étroit 8.*

D'ici, vous bénéficiez d'une vue excellente sur l'étang et le château. Quelques grands cormorans sont perchés sur les saules blancs d'un petit îlot, à moins qu'ils ne soient dans l'eau en train de pêcher. La foulque macroule est également familière du lieu ; les couples voisins se querellent fréquemment au printemps.

▶ *Prenez à droite le chemin qui remonte vers la forêt jusqu'à l'intersection entre la tranchée de Régnière-Ecluse et la Sommière du Cygne 9.*

Le hêtre du Cygne, signalé par un panneau, est l'un des arbres remarquables de la forêt de Crécy.

▶ *Poursuivez votre chemin le long de la tranchée.*

Des hêtres semenciers dominent de jeunes plantations et de vastes peuplements de genêts à balais dont la floraison jaune égaie le site entre avril et juin.

▶ *Suivez à droite ⑩ le chemin serpentant en lisière de la forêt et des cultures de la Petite Vente.*

Les jeunes hêtres sont bien représentés, avec un sous-bois de fougères aigles, tandis que les spécimens plus âgés forment des taches. Des bouleaux blancs sont également présents. Un chevreuil sera peut-être en train de s'alimenter ou de se déplacer. Le chemin, en ligne droite, traverse des pessières parfois très denses. Ces zones d'épicéas sont le domaine de l'écureuil roux passant d'arbre en arbre avec parfois de courtes incursions au sol. Un dortoir de hiboux moyens-ducs peut être décelé, notamment par les pelotes de rejection visibles au pied des arbres, mais les oiseaux se cachent en se blottissant le long des troncs. La chouette hulotte fait entendre son chant à la tombée de la nuit. Les traces de sangliers ne sont pas rares mais la rencontre avec ces animaux méfiants l'est beaucoup plus.

▶ *La rue du Chaufour vous ramène à votre véhicule.*

François Sueur, **Groupe Ornithologique Picard**

Les champignons

Des formes très différentes allant des espèces microscopiques et unicellulaires (levures, moisissures) aux variétés forestières classiques sont regroupées sous l'appellation de champignons. On en compte de nombreux comestibles : pieds bleus, pieds de mouton, chanterelles, trompettes de la mort... Consultez toutefois un spécialiste avant de les consommer !

Écureuil

PRATIQUE

En provenance de l'A 16, prenez la sortie Crécy-en-Ponthieu/Rue. Au rond-point, suivez la direction Bernay-en-Ponthieu. Depuis Abbeville, partez vers Boulogne par la N 1. Après Forest-Montiers et peu avant Bernay-en-Ponthieu, prenez à droite la direction La Bucaille. Laissez votre véhicule près du calvaire à la sortie de ce hameau.

La balade commence au calvaire de La Bucaille.

Prévoyez 2 à 3 heures de marche, pauses comprises. 6 km de balade.

L'automne est la saison la plus favorable à la découverte des champignons, le printemps permet de se familiariser avec les chants des passereaux et de profiter des ravissantes floraisons qui se produisent avant que le couvert forestier ne fasse trop d'ombre. Présence possible de cavaliers sur l'itinéraire. Période de chasse en forêt domaniale : du 15 oct. au 28 fév. environ. Plus d'infos : Office national des forêts (03 22 28 31 62) ou syndicat d'initiative.

PIERRE & VACANCES — Accès depuis Belle Dune : rendez-vous à Rue par la D 32 et la D 940 puis prenez la D 938 et la N 1 jusqu'à Bernay-en-Ponthieu. Rejoignez enfin La Bucaille.

8 km | 3 h | Le Hourdel

9 La pointe du **Hourdel**

La pointe du Hourdel constitue la limite sud de la baie de Somme. Formée par l'accumulation de galets, elle évolue sans cesse offrant, sur une courte distance, des milieux très variés.

▸ *Après avoir garé votre véhicule sur le parking, traversez la chaussée goudronnée et rejoignez le front de mer* ❶.

A marée basse, vous découvrirez sûrement quelques phoques veaux-marins, dont la plus grande colonie française se trouve en baie de Somme. Les bancs de sable leur servent de reposoir. Observez-les sans chercher à les approcher. Ne les dérangez pas et ne mettez pas votre vie en péril en allant dans la zone la plus dangereuse de la baie. A marée haute, les phoques partis à la pêche croisent chalutiers et plaisanciers : une autre forme de cohabitation.
Sur la plage, les rides sur le sable, appelées ripple-marks, vous indiquent l'orientation du vent et du courant. Des coquilles vides de coques, de myes et de couteaux s'y amoncellent.

Couteau

Coque

▸ *Continuez sur le haut de plage* ❷.

Vous marchez sur des galets en laissant sur votre gauche une zone dunaire où l'argousier domine toutes les autres espèces arbustives. En automne, il fournit des baies oranges, riches en vitamine C. Elles sont consommées par les grives mucisienne, mauvis et litorne. Localement, les buissons sont recouverts de clématite sauvage, une plante aux tiges s'entrelaçant en toile d'araignée, de la même famille que celles qui ornent tant de jardins.
Les dunes arbustives abritent le lapin, le faisan et la bécasse, recherchés par les chasseurs. L'épervier et le faucon émerillon y établissent leur territoire de chasse en hiver, au détriment d'oiseaux de petite taille comme le rougegorge ou la linotte mélodieuse.

Grive musicienne

Faisan en vol

Carte IGN 2107 OT ⚠ (1 cm = 300 m)

© IGN Paris

Phoque gris

▶ *Vous parvenez sur une zone où l'estran entre en contact presque direct avec la route goudronnée souvent recouverte de sable et dénommée pour cela la route blanche. Votre balade se poursuit en haut de la dune où un petit sentier a été créé à force de passages* ❸.

Des oyats ont été plantés afin de stabiliser la dune. Le résultat a été atteint, mais il convient d'éviter le piétinement ; restez donc sur le sentier. Celui-ci vous offre, sur votre gauche, une première vue sur les zones d'extraction de galets où se forme progressivement un vaste plan d'eau. A terme, celui-ci sera rendu à la nature.

Les familiers du lieu

Tadorne de Belon, petit gravelot, grive musicienne, cochevis huppé, pouillot fitis, rossignol…
Hivernants / migrateurs : épervier, faucon crécerelle, faucon émerillon, cygne tuberculé, bécasse des bois, alouette haussecol, bruant des roseaux, pipit maritime…

Phoque veau-marin, phoque gris, lapin de garenne…

Le ramassage des galets

Au siècle dernier, les galets du Hourdel étaient ramassés à la main. Une partie d'entre eux était chargée directement sur les bateaux, une autre acheminée vers la gare de Cayeux-sur-Mer ; le reste, enfin, était broyé dans une usine locale, dont les ouvriers furent touchés par la silicose. Cette maladie mortelle était surtout connue dans les mines de charbon.

Le petit gravelot n'a besoin que de quelques mètres de terrain dégagé pour se reproduire.

Le tadorne de Belon est l'un des oiseaux emblématiques de la baie de Somme.

Au fur et à mesure, vous découvrez des dépôts de galets en crochets successifs remontant vers le nord et abritant progressivement la dune des assauts de la mer. Ces dépôts, appelés crochons, constituent un événement exceptionnel en France : la conquête de la terre sur la mer, quand partout ailleurs l'inverse se produit. Les crochons abritent deux espèces rares et protégées au plan national : une fleur, le chou marin, et un oiseau, le gravelot à collier interrompu. Ce dernier trouve ici ce que d'autres espèces évitent : l'absence de végétation.
Derrière les crochons des petites dépressions sont alimentées régulièrement en eau salée. Des espèces pionnières du milieu estuarien s'établissent sur ce sol saumâtre. La salicorne, en particulier, est bien présente. Elle fournit des graines dont se nourrit l'alouette haussecol au cours de la saison hivernale. Parfois, des bruants des neiges profitent de cette manne.

▶ *A l'extrémité de la zone dunaire ❹, descendez de la dune et poursuivez votre chemin jusqu'au rond-point ❺. Prenez une première fois à gauche puis une seconde, au niveau du calvaire ❻. Dirigez-vous vers la zone de gravières ❼.*

La zone sur laquelle vous vous engagez fait l'objet, en semaine, d'un va-et-vient de camions ; faites-y attention. Cette partie de la balade présente tous les aspects de l'exploitation des granulats. Le site constitue l'un des principaux lieux de production de la Somme. Ce gisement a la particularité unique en Europe de permettre l'extraction de matériaux d'origine marine dans des carrières terrestres et de produire notamment des galets d'une pureté exceptionnelle en silice. Ils servaient à la fabrication de la porcelaine fine.
Vous pouvez sans peine distinguer un début de restauration du site : aplanissement des rives, formation d'îlots et revégétalisation, notamment sur l'étang qui se trouve à votre gauche. Le premier, à droite, est plus particulièrement dévolu à la pêche.
De nombreuses espèces ont déjà adopté le site. Au printemps, vous remarquerez les petits gravelots. Les berges et l'îlot de la gravière servent de reposoir pour le grand cormoran et pour le tadorne de Belon. Des cygnes tuberculés stationnent parfois sur les plans d'eau.

▶ *La balade continue dans un chemin encaissé, bordé de très vieux et superbes sureaux ❽.*

Cette zone bocagère est le domaine du pigeon ramier, du merle noir, de la grive musicienne et, au printemps, des fauvettes. Des pâtures avec quelques vaches donnent l'image peu courante d'un élevage extensif sur de très petites parcelles non remembrées. Des dépressions inondées abritent le très rare triton crêté et la rainette verte dont le chant puissant, au crépuscule, rivalise avec celui du rossignol.

▶ *Votre promenade vous conduit au hameau de pêcheurs du Hourdel* ❾.

Phoque veau-marin

Ce petit port de pêche (à la crevette notamment) vit au rythme des marées. Vous vous laisserez peut-être tenter par l'enseigne d'un débit de boissons vantant ses 120 bières du monde entier. Mais attention au retour !

Observez les vasières au pied du phare, peuplées de plantes halophiles (tolérant un fort taux de salinité) telles la salicorne, l'obione et la spartine qui témoignent, de par leur progression, du comblement de la baie de Somme. Depuis Le Hourdel, il est facile de voir que l'estuaire s'ensable et que la végétation progresse dans les vasières où s'alimentaient auparavant bécasseaux variables et chevaliers gambettes.

▶ *Au parking, empruntez le chemin de galets* ❿.

La vue sur la baie est magnifique ; vous apercevez, de l'autre côté de l'estuaire, la forêt du Marquenterre et Le Crotoy, où Jeanne d'Arc fut emprisonnée.

A la fin juin et en juillet, vous ne manquerez pas les crèches de tadornes de Belon : rassemblements de dizaines de jeunes placés sous la responsabilité d'un nombre limité d'adultes. D'ici également vous verrez, parfois à grande distance, les différentes espèces d'oiseaux qui peuplent la baie. L'huîtrier-pie est présent, de même que les goélands marin et argenté. En automne, des milliers d'oiseaux en migration vers des contrées chaudes passeront au-dessus de vous. Le pinson des arbres et le pinson du Nord s'arrêteront parfois, le temps de récupérer des forces et de repartir.

Patrick Triplet, Cédric Fagot et Frédéric Lepilliez,
Syndicat Mixte Baie de Somme - Grand Littoral Picard

Les phoques de la baie

Les phoques veaux-marins sont depuis longtemps présents en baie de Somme. Absents pendant plusieurs décennies, ils sont revenus à la fin des années 1970. On en compte désormais plus de 200 en été. Quant aux phoques gris, leur population avoisine 50 individus…

Huîtrier-pie

PRATIQUE

▶ A partir d'Abbeville, suivez les panneaux indiquant Cayeux-sur-Mer (D 40 puis D 940). Puis, peu après la Maison de l'oiseau, prenez à droite la D 102. Au Hourdel, allez jusqu'au phare et contournez le hameau. Suivez la route blanche jusqu'au parking.

✖ Le sentier démarre au niveau du parking. Ne vous aventurez pas en baie, les courants sont dangereux.

Comptez 3 heures de découverte pour cette balade de 8 km.

Pour voir les phoques, l'été est la période idéale : une permanence est assurée par l'association Picardie Nature. L'automne et le début de l'hiver se prêtent à l'observation des nombreux passereaux nordiques.

Entre Le Crotoy et la Maye

6 km | 2 h 30 | Le Crotoy

10 Le marais du **Crotoy**

Venez découvrir l'un des plus beaux marais de la côte picarde. Il vous livrera, avec très peu d'efforts, presque tous ses secrets.

▶ *Après avoir garé votre véhicule sur le parking «camping car», prenez la piste cyclable au niveau du rond-point et partez à gauche pour longer le marais du Crotoy* **1**.

De nombreuses espèces profitent de cette pièce d'eau pour se reposer, se reproduire ou s'alimenter. Entre mars et juin, vous êtes accueilli par un concert de mouettes rieuses. Ces oiseaux se reproduisent dans le marais et vous verrez leurs nids sans problème car ils profitent de la moindre touffe d'herbes dépassant de l'eau pour l'établir, parfois à quelques mètres seulement de la clôture. Celle-ci a été mise en place autant pour les animaux que pour vous. Que chacun reste sur son territoire. Sur les zones terrestres, des vanneaux huppés couvent tandis que d'autres effectuent des parades aériennes. Chez eux, comme chez la plupart des oiseaux, les parades amoureuses ne sont que printanières. Là où le plan d'eau s'élargit, les cygnes tuberculés glissent majestueusement tout en se nourrissant de la végétation aquatique. Tout un petit groupe de canards souchets, dans lequel les femelles sont deux fois moins nombreuses que les mâles, plonge la tête toute entière dans l'eau pour se nourrir : leur bec filtre l'eau en retenant les proies. Un couple de sarcelles d'été s'alimente en bordure du plan d'eau et recherche le meilleur site pour y établir un nid. Un héron cendré attend patiemment qu'un poisson passe à proximité pour en faire le menu de son déjeuner. Beaucoup plus agitée, une aigrette garzette court dans tous les sens pour capturer les petites proies à la surface de l'eau. La grande aigrette, de la taille d'un héron cendré, séjourne désormais toute l'année sur la côte picarde. Le héron gardebœufs suit les chevaux et les vaches. Il récupère toutes les proies mises au jour par le déplacement de ces grands herbivores. Depuis que le site est régulièrement en eau, la foulque macroule l'a colonisé. Elle s'y reproduit et y hiverne. De la même famille que la poule d'eau, elle consomme des végétaux aquatiques mais peut

L'aigrette garzette capture des petites proies à la surface de l'eau.

Lapins et végétation

Au début du xxe siècle le marais était fort peu végétalisé en raison de l'abondance des lapins de garenne. La myxomatose, qui a anéanti ses populations, a permis le développement d'une végétation arbustive qui tend à envahir le marais.

Carte IGN 2106 ET ⚠ *(1 cm = 250 m)*

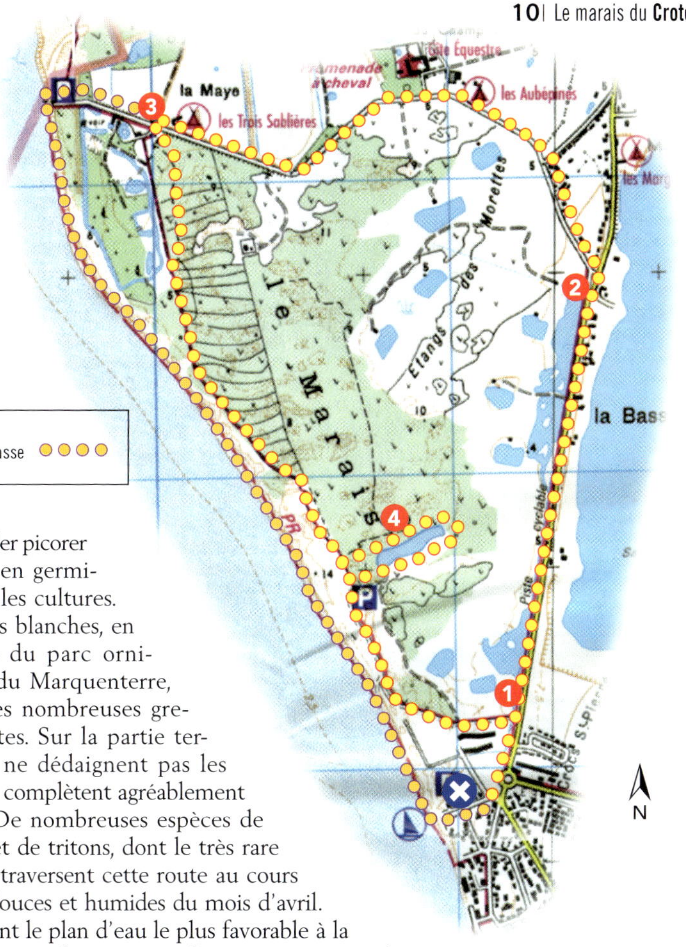

Variante en période de chasse

également aller picorer les céréales en germination dans les cultures. Des cigognes blanches, en provenance du parc ornithologique du Marquenterre, capturent les nombreuses grenouilles vertes. Sur la partie terrestre, elles ne dédaignent pas les rongeurs qui complètent agréablement leur repas. De nombreuses espèces de grenouilles et de tritons, dont le très rare triton crêté, traversent cette route au cours des soirées douces et humides du mois d'avril. Ils recherchent le plan d'eau le plus favorable à la ponte de leurs œufs. Beaucoup finiraient écrasés si de bonnes volontés ne les aidaient pas à franchir ce périlleux obstacle.

Héron gardebœufs

▶ *A la fin de la piste cyclable prenez à gauche, en direction de la plage de la Maye* ❷.

Vous longez la peupleraie plantée au début des années 1980. Enraciné sur un sol pauvre, ce ligneux se développe mal et n'offre qu'un intérêt limité pour les oiseaux. Mais dès que vous la dépassez, vous disposez d'une première

Les familiers du lieu

Cygne tuberculé, tadorne de Belon, canard colvert, foulque macroule, mouette rieuse, canard souchet, sarcelle d'été, tarier pâtre, mouette mélanocéphale, vanneau huppé, bruant des roseaux…. Hivernants / migrateurs : cigogne blanche, grande aigrette, aigrette garzette, héron cendré, héron gardebœufs…

Lapin de garenne, sanglier, chevreuil, rat musqué…

Rat musqué

Une protection de fait

Le marais fut légué à la commune du Crotoy par l'une de ses habitantes. Il ne bénéficie pas d'un statut de protection ou de conservation spécifique : un classement en réserve ou un arrêté de biotope par exemple. Cependant, différentes mesures d'ordre réglementaire lui assurent une conservation et une protection de fait : plan d'occupation des sols, loi Littoral, site classé, site Natura 2000.

vue sur la zone d'arbustes dominée par l'épineux argousier. Marchez sans bruit, il est possible que vous surpreniez un lapin de garenne au cours de son repas. Généralement il s'alimente la nuit mais parfois, quand la faim le tenaille, il n'hésite pas à se présenter au grand jour.

Sur votre droite, la partie sud du Champ Neuf étale des pâtures assez humides profitant aux vanneaux huppés ainsi qu'à quelques couples d'huîtriers-pies qui viennent s'y reproduire chaque année.

▶ *Au bout de la zone d'argousiers, prenez à gauche et entrez dans la partie arbustive du marais ❸.*

Ici l'arbuste est roi. Sureaux, argousiers, églantiers, troènes sauvages et prunelliers couvrent la surface. Ils offrent leurs baies à de nombreux passereaux. Avec un peu de patience et d'attention pour pourrez observer ou écouter ces derniers.

Le rossignol philomèle se fait entendre en avril puis cesse de chanter pour s'occuper entièrement de sa petite famille. Il vous faudra de la patience pour voir sortir d'un buisson cette boule de plumes marron tirant sur le roux. Abondante en zone dunaire, la fauvette grisette sera vite détectée après son arrivée, vers le 20 avril. Elle chante en s'élevant en l'air de quelques mètres puis se laisse retomber au plus profond de la végétation. Sa proche parente, la fauvette babillarde s'installera au sommet d'un arbuste pour lancer sa mélodie très courte.

L'accenteur mouchet, le rougegorge, le merle noir, le pouillot fitis ou encore la linotte mélodieuse seront également au rendez-vous. En automne, grives litornes et mauvis fréquentent les argousiers et se gavent de leurs baies.

Vous comprenez ici toute la dimension de l'un des problèmes de la baie de Somme. La dune, attaquée par les flots, présente une façade à angle droit, prenant l'allure d'une micro-falaise. La spartine, une plante commune des sols sableux et vaseux, en prenant de l'importance, bloque le mouvement du sable qui ne peut venir consolider la dune. Celle-ci reste donc telle quelle, en permanence menacée par l'eau. En hiver, les alouettes des champs sont régulièrement présentes sur le haut de plage.

Le rat musqué

Ce rongeur originaire d'Amérique du Nord a été élevé en captivité pour sa fourrure. Présent en France depuis les années 1930, il a trouvé dans le nord du pays, et notamment dans la Somme, des conditions propices à son installation. Il y est désormais très abondant. De nombreuses espèces d'oiseaux établissent leurs nids sur ses huttes !

Les baies du troène produisent un jus violet qui était jadis utilisé en teinturerie.

▶ *Continuez ensuite votre promenade le long de l'étang de pêche du Crotoy ❹.*

Situé dans le cœur du marais, il a été creusé au début des années 1960 pour fournir le sable nécessaire à la construction de la route panoramique reliant Noyelles-sur-Mer au Crotoy, le long de la baie de Somme. Quelques grèbes castagneux fréquentent régulièrement cet étang. Regardez également à terre : plusieurs espèces de champignons se développent ici. Attention, elles ne sont pas toutes comestibles.

Chant en vol de l'alouette des champs

Patrick Triplet et Grégory Rollion
(Syndicat Mixte Baie de Somme - Grand Littoral Picard),
François Sueur (Groupe Ornithologique Picard)

Les baies de l'aubépine font le régal de nombreux passereaux.

PRATIQUE

▶ En voiture : prenez l'autoroute A 16 sortie Abbeville nord, direction Le Crotoy / Saint-Valery-sur-Somme en empruntant la D 40. Au rond-point où figure une statue de hérons, tournez à droite vers Le Crotoy. Passez au second rond-point et continuez tout droit sur la D 4. Arrivé au 3e rond-point, prenez à gauche et stationnez sur le parking «camping car».
En train : ligne Paris-Calais, arrêtez-vous à Noyelles-sur-Mer pour prendre le chemin de fer de baie de Somme, direction Le Crotoy. Descendez au Crotoy, rejoignez la D 104 et prenez à droite : vous avez 2 km à parcourir. Au rond-point, prenez à gauche et empruntez la piste cyclable. Arrivé au carrefour, tournez à droite en suivant la piste cyclable. Vous arrivez au point de départ de la balade.

✖ Revenez à pied jusqu'au rond-point et empruntez la piste cyclable vers Saint-Firmin-les-Crotoy.

6 km, soit 2 h 30 de marche. 2 km de plus si vous venez par le chemin de fer de la baie.
Attention, itinéraire fermé au public en période de chasse les week-ends et jours fériés du 15/09 au 28/02 entre les points ❸ et ❹.

Cette promenade offre un réel intérêt en toute saison en raison des nombreuses espèces d'oiseaux qu'il est possible d'observer. La plus belle période reste cependant le printemps (mars à fin juin) quand la colonie de mouettes rieuses offre son spectacle. Attention, la chasse se pratique sur le site chaque dimanche et jour férié, de septembre à début janvier. Evitez de vous balader à ce moment-là. Enfin, pour respecter la tranquillité de la faune, n'entrez pas dans le marais.

PIERRE & VACANCES Accès depuis Belle Dune : rendez-vous à Rue (D 32 et D 940), continuez jusqu'à Saint-Firmin (D 4) et suivez la direction Le Crotoy en longeant le marais.

Crécy-en-Ponthieu

8 km 3 h

11 | La forêt de **Crécy**

Les 4300 ha de cet ancien domaine de chasse des rois et des princes sont enchanteurs. Les fleurs forment un tapis coloré au printemps, les mares attirent salamandre, sanglier et chevreuil, les chênes et les hêtres remarquables offrent un refuge aux oiseaux.

▶ *Prenez le sentier des Deux-Huttes qui pénètre dans la forêt et constitue le point de départ de la promenade des Vieux-Chênes* ❶.

Vous pouvez différencier les hêtres des chênes pédonculés qui vous entourent par leur écorce : lisse chez le hêtre et crevassée chez le chêne.

▶ *Le chemin coupe la sommière des Vieux-Chênes* ❷, *à gauche.*

Quelques taches de houx occupent le sous-bois. Vous y entendrez les cris de la buse variable et le chant allègre et sonore du grimpereau des jardins. Ce minuscule oiseau inspecte les troncs et les branches à la recherche de proies, puis s'envole soudain vers un autre arbre où il continue son manège.
Cette partie de la forêt est riche en champignons : espèces classiques comme les russules, ou d'autres qui se développent sur le bois mort comme la xylaria du bois, formant des groupes de minuscules arbustes blancs ou noirs, ou d'autres encore teintant le bois en vert bouteille ou le couvrant de pustules orangées.

▶ *Vous arrivez au point central de la forêt* ❸. *Ici se croisent des sentiers qui permettaient jadis aux habitants de se rendre à pied d'un village à l'autre. A proximité se trouve le carrefour du Point Central* ❹, *intersection de la route forestière du Milieu et de l'allée Marcotte, du nom d'un naturaliste du XIXe siècle, auteur des premiers ouvrages importants sur les coléoptères et les vertébrés de la région d'Abbeville. Continuez tout droit.*

Quelques vieux épicéas marquent ce carrefour. Quant aux feuillus, ils accueillent deux petits pics bigarrés : le pic épeichette et surtout le pic épeiche, de la taille d'un gros merle. Ils se dissimulent fréquemment en se tenant sur un tronc ou

La bataille de Crécy

Le 26 août 1346, les armées du roi de France, Philippe VI, furent battues à Crécy par les troupes anglaises d'Edouard III. Sur la route de Wadicourt, une tour de guet et une table d'orientation offrent une vue sur le site du champ de bataille. Vers Fontaine-sur-Maye, la croix de Bohême honore la mémoire de Jean de Luxembourg (dit l'Aveugle), roi de Bohême, qui malgré sa cécité s'est battu aux côtés des Français. Il fut tué en cherchant à rejoindre son fils grièvement blessé.

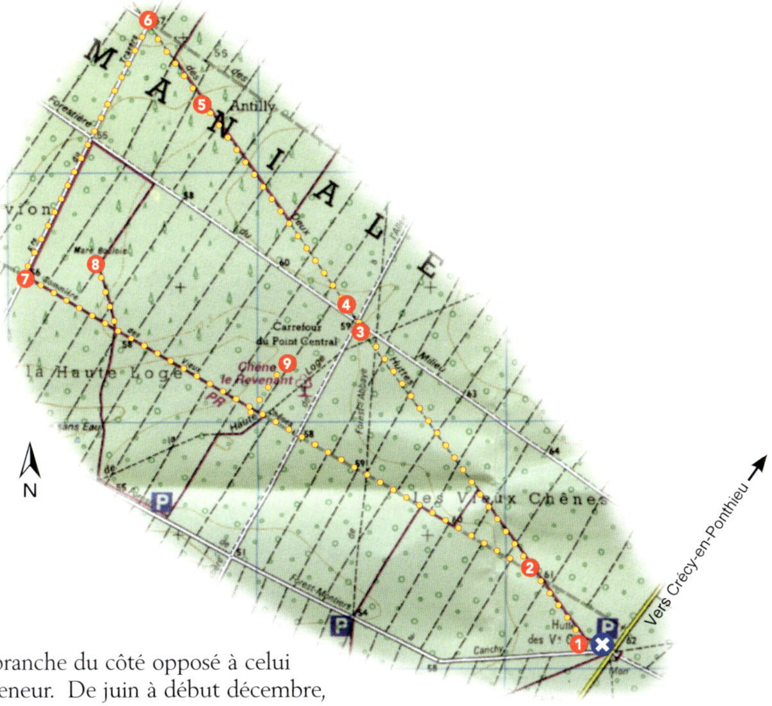

Carte IGN 2106 ET ⚠ (1 cm = 300 m)

© IGN Paris

sur une branche du côté opposé à celui du promeneur. De juin à début décembre, lorsque les températures ne sont pas encore trop rigoureuses, les chèvrefeuilles des bois embaument l'atmosphère. Des champignons se développent autour des hêtres. En été, la russule charbonnière se teinte de vert et de bleu violet. A la même époque et en automne, vous trouverez le lactaire muqueux, poussant en grands groupes, le lactaire pâle et le marasme alliacé à forte odeur d'ail, qui peut être utilisé comme épice.

Là où le sentier coupe la promenade de la Longue-Borne ❺, des mares plus ou moins temporaires se sont formées. La salamandre tachetée s'y trouve. Les traces de sangliers, attirés par l'eau et la boue, sont nombreuses. Avec un peu de chance, tôt le matin, vous pourrez admirer un chevreuil venu s'abreuver. Le chemin se poursuit entre une hêtraie, sur la droite, et une plantation d'épicéas, une pessière, sur la gauche. Plus loin, les bouleaux blancs deviennent dominants. A proximité de la route forestière du Travers, hêtres et chênes pédonculés sont à nouveau majoritaires.

Les familiers du lieu

Bondrée apivore, buse variable, pigeon ramier, pic noir, mésange charbonnière, sittelle torchepot, grimpereau des jardins, pinson des arbres…
Hivernants / migrateurs : bécasse des bois, pinson du Nord…

Chevreuil, sanglier, écureuil…

Salamandre tachetée, triton alpestre, triton palmé, triton ponctué, crapaud commun, grenouille rousse, lézard vivipare…

La répartition des taches jaunes sur le corps noir de la salamandre répond à un schéma précis même si elle diffère sensiblement d'un individu à un autre.

Respectez la flore de la forêt

Ne gravez rien sur les écorces des arbres ou des arbustes, leur vie en dépend. Ne brisez pas non plus les jeunes tiges. Enfin ne cueillez pas plus de fleurs que nécessaire et seulement à la fin de votre balade, sinon elles seront fanées avant votre retour chez vous. Attention, toute collecte de bois, même mort, est interdite.

▶ *Prenez sur votre droite, la route du Travers* ❻.

Dans cette futaie de hêtres, les consommateurs de faînes sont abondants : pigeons ramiers en groupes en automne, mésanges charbonnières, sittelles torche-pots explorant les troncs la tête en bas, geais des chênes se signalant par leurs cris, ou encore pinsons des arbres. Souvent intolérants envers leurs congénères, les merles noirs se regroupent pourtant ici en bandes pouvant compter jusqu'à dix individus en automne. Ce comportement est probablement lié à une abondance locale de nourriture.

De mars à mai, les fleurs blanches des anémones sylvies égaient le sous-bois et les jacinthes des bois forment des tapis bleutés. Les euphorbes des bois se rencontrent au bord du chemin après l'intersection avec la route du Milieu. Une bécasse des bois en hivernage peut se laisser surprendre malgré son plumage brunâtre qui lui offre un camouflage sûr parmi les feuilles mortes. Le vol souple d'une bondrée apivore attirera votre attention en été. Cet oiseau se nourrit des guêpes forestières et de leurs couvains (ensemble des œufs et des larves des guêpes).

▶ *Prenez ensuite à gauche, la sommière des Vieux-Chênes* ❼.

Les hêtres se mêlent aux épicéas alors que sur votre gauche la pessière est presque pure. Le roitelet huppé se nourrit dans les fines ramures des conifères en sautillant ou en voletant rapidement. L'écureuil roux est plus facile à repérer mais son observation sera furtive dans ce milieu où la vision ne porte qu'à quelques mètres. Plus loin, se dressent des châtaigniers, une essence peu répandue dans l'ouest de la Somme.

▶ *Vous pouvez aller jusqu'à la mare Bouloie* ❽*, à 250 m. Reprenez ensuite la sommière.*

Le taillis est favorable à la mésange à longue queue au plumage blanc, noir et

Bondrée apivore

Les coléoptères

La forêt de Crécy accueille de nombreux coléoptères.
Le géotrupe des bois, aux beaux reflets bleu violet, se rencontre de la fin mars à la fin septembre.
Des dizaines de spécimens se trouvent parfois dans les lieux les plus ensoleillés – c'est à ces endroits que le lézard vivipare, le seul reptile de la forêt, doit être recherché sur les chemins.
En hiver, des carabes se cachent dans les souches pourries : les carabes des champs, à couleur dominante noire, et les magnifiques carabes à reflets d'or, à la tête et au corselet rouge cuivreux, aux élytres verts à côtes noires. Des coléoptères, appartenant à la famille des coccinelles notamment, d'autres insectes et des invertébrés divers (escargots) se trouvent associés aux carabes pendant la saison froide.

rose. Au printemps, elle construit un nid, une délicate boule de mousses, et forme, du milieu de l'été à la fin de l'hiver, des groupes pouvant compter plus de dix oiseaux auxquels se joignent parfois des mésanges bleue ou charbonnière, des roitelets huppés, et plus rarement d'autres espèces.

Roitelet huppé

▶ *Le sentier de la Haute Loge, vous mène, à 200 m, devant l'un des plus vieux arbres de la forêt, le Revenant ❾. Revenez ensuite sur vos pas.*

Des flaques, favorables aux tritons alpestre, palmé et ponctué – un peu d'expérience permet de les distinguer entre eux –, au crapaud commun et à la grenouille rousse, occupent une partie de la sommière (la large allée forestière). En dehors de la saison de reproduction, ces amphibiens sont moins inféodés à l'eau, l'humidité de la forêt leur suffit. Aux abords, les chants et les cris du rougegorge s'entendent pendant toute l'année.

▶ *Vous retrouvez le point ❷. Suivez le sentier des Deux-Huttes à droite pour rejoindre le parking.*

François Sueur, **Groupe Ornithologique Picard**

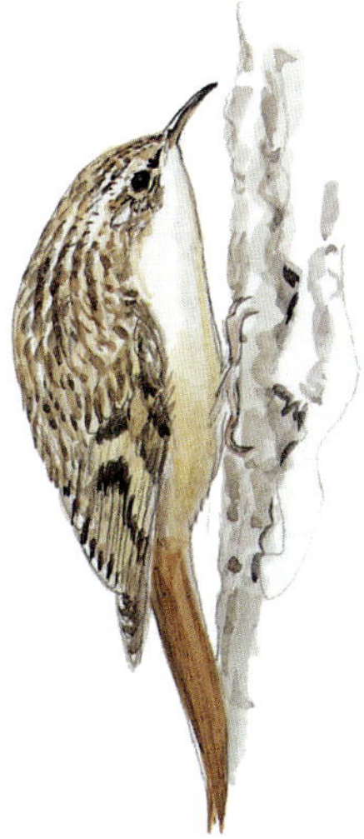

Vous avez repéré un oiseau qui grimpe en tournant autour d'un tronc ? Il s'agit sans doute d'un grimpereau des jardins à la recherche de nourriture.

PRATIQUE

A partir d'Abbeville, suivez la N 1 vers Boulogne, puis la D 111, à droite, vers Crécy-en-Ponthieu. Arrêtez-vous, dans la forêt, au niveau de la hutte de chasse des Vieux-Chênes sur le parking situé sur votre gauche.

La balade commence au parking.

Prévoyez 3 heures de marche, pauses comprises.

Le printemps est la meilleure saison pour se balader : les oiseaux délimitent leur territoire, les chants retentissent de tous les côtés. Bénéficiant de la luminosité du sous-bois avant que les feuilles des arbres n'apparaissent, les fleurs s'épanouissent. Période de chasse en forêt domaniale : du 15 oct. au 28 fév. environ. Plus d'infos : Office national des forêts (03 22 28 31 62) ou Syndicat d'initiative.

9 promenades balisées (renseignements au syndicat d'initiative de Crécy-en-Ponthieu) permettent de découvrir la forêt et ses arbres : le Beau Témoin et le Superbe à 300 m du parking ; le hêtre le Solitaire à gauche du croisement entre la D 111 et la route de Bernay à Domvast ; cette dernière conduit au hêtre le Vénérable, à 300 m, et au chêne le Royal.

PIERRE & VACANCES Accès depuis Belle Dune : rendez-vous à Rue (D 32 et D 940) puis retrouvez la D 32 jusqu'à Nouvion. La D 111 vers Crécy-en-Ponthieu vous conduit au parking.

12 | Digues et mollières

Découvrir le sud de la baie de Somme, les digues et les mollières, les terres baignées par la mer, les haies de ce pays de bocage est le but de cette balade entre terre et mer.

▶ *Empruntez le chemin situé au pied du talus* ❶.

Le cap Hornu vous offre une superbe vue sur Le Crotoy. Du parking, vous verrez peut-être des pêcheurs au raccroc : ils lancent un hameçon à trois dents assez loin et le ramènent en raclant le fond afin d'accrocher quelques poissons plats, limande, carrelet ou flet. Parfois une boule sombre apparaît dans le chenal : le phoque veau-marin est venu lui aussi chercher sa nourriture.

Les prés-salés sont appelés localement mollières. Leur végétation est constituée de spartine anglaise, de lilas de mer, de salicorne ou d'obione. Ces plantes témoignent de l'élévation du fond de la baie de Somme et participent à son comblement en piégeant le sable.

En arrivant vers le bois Houdant, quelques aigrettes garzettes décollent soudainement. Elles étaient probablement à la recherche de proies dans les flaques d'eau, véritables pièges pour les crevettes et les petits poissons lorsque la mer se retire.

▶ *Longez maintenant une renclôture appelée l'enclos Gatte* ❷.

Attenantes à presque tous les trous d'eau formés dans les mollières, les huttes de chasse flottent à marée haute. On chasse ici le canard.

Dans les mollières, les courlis cendrés et les bécasseaux variables laissent désormais la place au canard siffleur. Les tadornes de Belon forment ici l'essentiel de l'effectif présent en baie de Somme en hiver.

Vous rencontrerez peut-être un berger et ses chiens gardant les moutons de prés-salés. Des vanneaux huppés s'envolent des pâtures ; ils sont nombreux chaque année en automne car cette zone, toujours humide, semble productrice d'un grand nombre de vers de terre dont ce limicole se délecte.

Les renclôtures

Dès le XIIe siècle, les hommes ont privé les terres les plus hautes de l'influence marine en décidant de les enclore. L'eau de mer apportait des sables qui, en se mélangeant avec les vases et les tourbes, formaient un sol fertile.

Les agriculteurs ont donc souhaité se les approprier. Les digues construites ont été nommées digues de renclôtures. Depuis le 20 juin 1849, une décision ministérielle impose une cote minimale de 7,80 m pour pouvoir enclore.

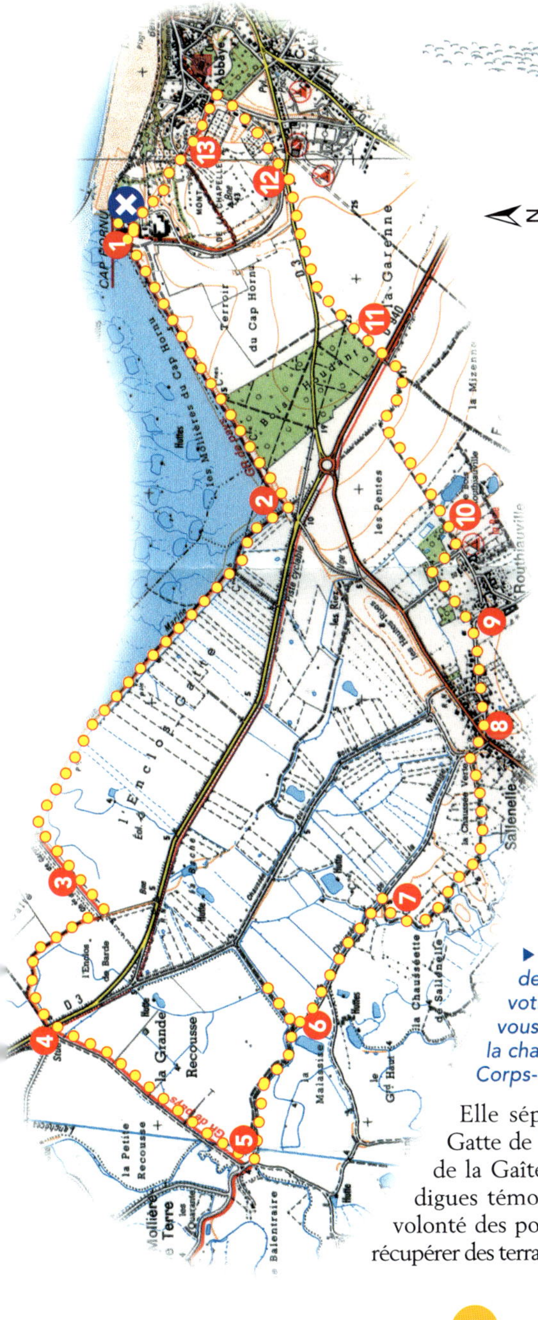

Vanneaux huppés en vol

Tourterelles

▶ *Descendant de la digue sur votre gauche, vous arrivez sur la chaussée du Corps-de-Garde* ❸.

Elle sépare l'enclos Gatte de la renclôture de la Gaîté. Toutes ces digues témoignent de la volonté des populations de récupérer des terrains sur la mer.

Les familiers du lieu

Vanneau huppé, pigeon ramier, alouette des champs, pipit farlouse, coucou gris, tourterelle des bois, rouge-gorge, bruant jaune…
Hivernants / migrateurs : tadorne de Belon, bécasse des bois, grive musicienne…

Lapin de garenne, taupe…

Une jolie fleur…

Victime de son succès, le lilas de mer est protégé. La réglementation autorise la cueillette d'un bouquet par personne, tenant dans une seule main. N'arrachez pas les pieds, coupez plutôt les tiges. La belle couleur de cette fleur passe très vite dans les maisons et votre magnifique bouquet répandra une odeur de pipi de chat ! Laissez donc le lilas égayer la baie.

Le lilas de mer agrémente de ses fleurs mauves votre balade en juin et en juillet.

Cette zone est le domaine du pipit farlouse – rejoint en automne par le pipit maritime, au plumage plus sombre – et de la bergeronnette printanière.

▶ *Le chemin vous invite à faire un crochet par la maison de l'Oiseau ❹, matérialisée par une sculpture symbolisant un fou de Bassan. Prenez le sentier de gauche qui mène au milieu des bas champs, et passez le pont enjambant le canal de Lanchères. Au bout du chemin, tournez deux fois à gauche pour traverser le même canal ❺.*

Les poules d'eau sont présentes partout. Sur des mares, qui peuvent être de la taille d'un abreuvoir pour les bovins, elles laissent parfois place à un couple de sarcelles d'été à la recherche d'un lieu discret où mener à bien sa reproduction. Le busard Saint-Martin chasse tout l'hiver rongeurs et passereaux imprudents.

▶ *Vous longez la chaussée de la Malassie ❻.*

Remarquez les roseaux, appelés également typhas ou massettes. On les coupe parfois pour leurs qualités décoratives. La massette est composée de minuscules graines portées par un duvet. Tôt ou tard, si le bouquet de massettes n'a pas été fixé chimiquement, il libérera ces graines et le tout finira dans l'aspirateur.

L'étang sur votre droite abrite généralement quelques cygnes tuberculés. Ils se déplacent d'un plan d'eau à l'autre à la recherche de la plus grande quantité possible de nourriture. Si une mare est restée sans propriétaire, un jeune couple s'y installe et renonce à la vie en groupe en chassant ses anciens partenaires.Un saule têtard, couché au ras du sol par le vent violent dans ce secteur, attire votre regard. De nombreux passereaux s'élancent d'une haie à l'autre où ils trouvent abri et nourriture.

▶ *Laissez le chemin sur votre droite, continuez jusqu'à un petit pont ; tournez à droite, à 50 m ❼.*

Dans un paysage bucolique, ce chemin vous emmène vers Sallenelle à travers un bocage préservé.

▶ *Vous entrez dans Sallenelle par la rue des Bas-Champs ❽. Prenez à gauche le long de l'école pendant 30 m et traversez la route pour rejoindre la rue des Ecoles. Quittez le village et*

Moutons de pré-salé

L'extension des mollières profite aux moutons de pré-salé dont l'élevage obéit à des règles strictes. L'herbe saumâtre apporte en effet une saveur supplémentaire à leur viande, fort recherchée des gourmets.

continuez jusqu'à un grand virage ❾. Prenez le chemin de terre sur votre gauche.

Notez les nombreux et remarquables saules têtards, le long de la pâture qui se trouve à gauche. Ces arbres font office de limites de parcelles et d'abris pour les vaches qui les utilisent comme grattoirs en été pour se débarrasser des parasites.

▶ *Avant le camping, un chemin vous mène sur la gauche ❿. Traversez la route et longez le bois Houdant ⓫.*

Des essences nobles comme le hêtre, le chêne, le merisier, le frêne et le châtaignier sont présentes. En lisière, s'entrelacent ronce, lierre et chèvrefeuille. Les mûres, abondantes en été, sont l'occasion d'une halte agréable. La bécasse et le pigeon ramier fréquentent le bois, notamment lors de leurs haltes migratoires.

▶ *Prenez la route qui mène au cap Hornu et tournez sur le premier sentier à gauche ⓬.*

Vous atteignez la chapelle des Marins ⓭, construite en craie et en galets. Vous pourrez voir gravés sur la pierre très friable des témoignages amoureux de tous temps. Ce monument est protégé, ne l'utilisez pas pour vos messages personnels. Faites une halte sur le banc surplombant l'estuaire de la Somme : la vue est remarquable à marée haute, lorsque les mollières sont envahies par les flots.

▶ *Un petit sentier vous ramène au parking.*

Frédéric Lepilliez et Cédric Fagot,
Syndicat Mixte Baie de Somme - Grand Littoral Picard

La taille du saule têtard ne lui laisse presque plus de branches.

La Maison de la Baie de Somme et de l'oiseau

A deux coups d'ailes du chemin, cette maison présente une collection unique en son genre d'oiseaux naturalisés reconstitués dans leur milieu. Un jardin aquatique permet de se familiariser avec les plantes des marais les plus rares. Enfin un spectacle de rapaces vous permettra de découvrir le monde des oiseaux de proie.

PRATIQUE

En voiture : en provenance de l'A 16, sortez à Abbeville nord, direction Saint-Valery-sur-Somme par la D 40 puis la D 940. A l'entrée de Saint-Valery, continuez tout droit jusqu'au prochain rond-point et tournez à droite sur la D 3. Prenez la première à gauche vers la baie, direction le cap Hornu. Garez-vous sur le parking à proximité de la baie. En train (durant la saison touristique) : ligne Paris-Calais avec arrêt à Noyelles-sur-Mer. Prenez le petit train à vapeur jusqu'à la gare de Saint-Valery. Le sentier part à 3,5 km de celle-ci. Il est possible de le rejoindre en longeant le front de mer de Saint-Valery.

Au parking du cap Hornu. Attention, ce dernier est régulièrement submergé par les flots lors des marées de vives eaux.

5 heures de marche pour 13,5 km.

La meilleure période pour se balader s'étire du mois de mars au mois d'août afin de profiter des oiseaux puis des couleurs des fleurs de la baie.

A voir : la cité médiévale, le port de plaisance et le musée Picarvie de Saint-Valery-sur-Somme, la Maison de l'oiseau et son spectacle de rapaces.

13 | Dans la vallée du **Dien**

Venez découvrir, dans une petite vallée picarde bien pittoresque, un marais sur sol tourbeux. Les habitants des haies, des fossés et des roselières ne manqueront pas de vous charmer au passage.

▶ *Devant la gare de Noyelles-sur-Mer, traversez le passage à niveau et prenez la chaussée du Moulin sur votre gauche. A la sortie du village, un chemin empierré bordé de fossés et d'arbres vous emmène vers la vallée du Dien* ❶.

Un paysage de bocage, avec ses nombreux fossés de drainage, ses saules têtards et ses prairies humides, s'offre à vous. Quelques grives litornes recherchent leur nourriture dans les pâtures. Les saules têtards, non régulièrement entretenus, développent des branches trop grandes qui cassent lors des tempêtes. Il y a encore quelques dizaines d'années, leur entretien était motivé par la nécessité de récupérer du bois de chauffage. Dans les cavités de ces arbres, la chouette chevêche a établi son nid. Sur le Dien, les poules d'eau se dissimulent à votre passage. Un héron cendré, dérangé pendant sa pêche, s'envole bruyamment.

Grive litorne

Le marais est entretenu par le pâturage de quelques chevaux camarguais.

▶ *Arrivé à la bifurcation, vous avez la possibilité de pique-niquer en passant le pont sur votre droite. Sinon, poursuivez votre chemin en longeant la route et traversez les rivières du Dien et des Iles qui sillonnent la vallée* ❷.

Le modernisme a entraîné la diminution des surfaces en pâtures humides pour laisser la place à des cultures. Cela n'est pas favorable à la chouette chevêche qui s'accoutume difficilement à ces transformations. Les haies ont également régressé, au détriment du hérisson qui se plaisait à s'y dissimuler.

▶ *Après le panneau de Ponthoile, prenez sur votre droite le chemin du mont Gréval vers le marais de Sailly-Bray* ❸.

Vous pouvez alors remarquer des huttes de chasse ainsi que des marais pâturés par des chevaux camarguais. Au centre de

Carte IGN 2106 ET ! *(1 cm = 350 m)*

ces marais, de vastes étendues de roselières abritent le butor étoilé, dont vous entendrez peut-être le souffle puissant. Au-dessus des roseaux, le busard des roseaux chasse à quelques mètres du sol. Son repas du jour sera un rat musqué, une poule d'eau ou même une bécassine des marais qui se sera laissée surprendre. La mésange à moustaches lance ses "ping" caractéristiques lorsqu'elle se déplace avec sa famille nombreuse. Situé à quelques centimètres de l'eau, accroché aux roseaux, son nid est très vulnérable à toute montée d'eau mais aussi au passage des prédateurs. Certaines surfaces du marais sont travaillées pour rester rases et accueillir la bécassine des marais, qui est ici chassée. Cet entretien bénéficie à une flore variée et riche, dont le trèfle d'eau aux trois feuilles allongées.

Bécassine des marais

Les familiers du lieu

Butor étoilé, busard des roseaux, canard souchet, poule d'eau, vanneau huppé, rousserolle effarvatte, rousserolle verderolle, mésange à moustaches, perdrix, gorgebleue, tarier des prés, tarier pâtre, râle d'eau, phragmite des joncs, bruant des roseaux… Hivernants / migrateurs : grande aigrette, canard pilet, sarcelle d'hiver, hibou des marais, bécassine des marais, grue cendrée…

Lapin, renard, chevreuil...

▶ Après environ 1,5 km continuez tout droit en empruntant le chemin enherbé ❹.

Sarcelle d'hiver

Des touradons, ces mottes dépassant au-dessus du niveau de l'eau, ceinturent des petites mares. Un couple de sarcelles d'hiver, venu chercher ici gîte et couvert, peut en décoller, à tout moment.

▶ Au hameau de Bonnelle, suivez la rue Bayard jusqu'à la route et tournez à droite – notez l'architecture typique de la région : taille de craie et silex fendu. Suivez ensuite la route de Nouvion, traversez le pont du Dien. Au carrefour, prenez à droite en direction de Sailly-Bray ❺.

Vous pouvez embrasser d'un seul regard la vallée du Dien. Poursuivez maintenant votre chemin.

▶ Dans Sailly-Bray, continuez tout droit jusqu'à une petite chapelle où vous prendrez à droite ❻.

Le paysage environnant est une alternance de prairies sèches et humides qui abritent le vanneau huppé et la bécassine des marais. Seul le vanneau se reproduit ici, profitant des zones rases et bien dégagées grâce au pâturage des chevaux et des moutons. Dans les zones de végétation haute, la gorgebleue, en pleine phase de conquête de nouveaux territoires, est solidement implantée. Sur l'ensemble de la côte picarde, le tarier des prés trouve, dans ces prairies, sa seule zone de reproduction régulière.

Vanneau huppé

▶ Vous atteignez maintenant la hutte des 400 coups ❼, à droite du chemin

Au printemps, les canards souchets et les canards pilets profitent des abondantes ressources alimentaires pour se nourrir et récupérer l'énergie qu'ils ont perdu au début de leur migration. Un martin-pêcheur remonte le cours du Dien et vous laisse à peine le temps d'admirer son magnifique plumage bleu.
La pâture, rasée par les moutons, permet au faucon crécerelle de détecter rapidement le moindre mulot qui ose s'aventurer à découvert.

Martin-pêcheur

▶ A l'aire de pique-nique, traversez la route et prenez la Chaussée bordière ❽.

Les touradons

Les laîches (*carex* en latin) se développent en touffes, juste au-dessus du niveau de l'eau. Les pousses de l'année recouvrent les précédentes, permettant une lente élévation des touradons (monticules). La hauteur de ces derniers vous indique leur âge.

Le faucon crécerelle descend en piqué lorsqu'il a repéré sa proie.

Vous retrouvez un paysage de marais et de roseaux où la rousserolle effarvatte reste bien discrète par rapport à sa cousine la rousserolle verderolle installée dans une touffe d'orties. Cette espèce imite non seulement le chant des oiseaux locaux mais aussi celui de ceux qu'elle a entendu au cours de son hivernage en Afrique. Sur les vieux saules têtards, des fougères se développent, en profitant de la décomposition des feuilles, à l'entrelacs des plus grosses branches.

Poule d'eau

▶ *Suivez le chemin 9 qui longe le fossé sur votre droite ; il vous ramènera au point de départ.*

Le fossé est tapissé de lentilles d'eau. Les canards colverts présents ne manquent pas de s'en gaver, comme le font toutes les espèces de canards en pareilles circonstances. Une poule d'eau apparaît puis disparaît aussitôt.

▶ *La promenade se termine.*

Cédric Fagot, Frédéric Lepilliez et Michel Urban,
Syndicat Mixte Baie de Somme - Grand Littoral Picard

La hutte des 400 coups

Pour inaugurer cette construction, son propriétaire, le vicomte Brossin de Méré, donna un repas pendant lequel il ordonna à ses gardes de tirer plusieurs salves à intervalles réguliers. 400 coups de fusils retentirent ainsi et la hutte conserva désormais cette appellation.

Vous rencontrerez de nombreux canards colverts au cours de votre balade.

PRATIQUE

En voiture : prenez l'autoroute A 16, sortie Abbeville nord vers Le Crotoy et Saint-Valery-sur-Somme par la D 40. Au rond-point au milieu duquel se dresse une statue de hérons, suivez la direction du Crotoy et prenez la première route à droite (D 111) vers Noyelles-sur-Mer jusqu'à la gare de ce village. Par le chemin de fer de la Baie (pendant la saison touristique) : ligne Paris-Calais, depuis Cayeux-sur-Mer, Saint-Valery-sur-Somme et Le Crotoy, arrêtez-vous à Noyelles-sur-Mer.

Le départ se trouve sur le parking situé en face de la gare de Noyelles-sur-Mer.

Comptez 3 heures de marche, sans les pauses, pour un parcours de 12 km. Vous pouvez pique-niquer à 1,5 km du point de départ. La hutte des 400 coups est également un gîte et peut vous accueillir.

Ce sentier est agréable au printemps, pour ses oiseaux et pour sa tranquillité.

PIERRE & VACANCES Accès depuis Belle Dune : prenez la D 32 et la D 940 jusqu'au Crotoy puis continuez et prenez la première route à droite (D 111) vers Noyelles-sur-Mer.

Saint-Valery-sur-Somme ✿

10,5 km | 3 h

14 | Le canal de **la Somme**

Le long du canal de la Somme, puis sillonnant bois, marais et roselières, le sentier de balade vous offre une première rencontre avec le Vimeu.

▶ *Partez de la gare du chemin de fer de baie de Somme, d'où vous apercevez le port de plaisance.*

Dans le canal ❶, des canards colverts, lâchés par les habitants de Saint-Valery-sur-Somme, vous saluent de leur chant retentissant, et quémandent des morceaux de pain que viennent leur disputer quelques mouettes rieuses.
Malgré sa forte fréquentation par les bateaux, le canal accueille des hôtes emblématiques de la baie comme le grand cormoran et le grèbe castagneux. Le phoque veau-marin remonte parfois jusqu'ici, à marée haute, lors de sa recherche de poissons et vient, lorsqu'on le laisse tranquille, se reposer sur la berge.

Vous verrez parfois le phoque veau-marin dans le canal.

▶ *Vous longez maintenant le canal et passez devant le pont tournant ❷, où la Somme et son contre-canal se rejoignent.*

Vous pourrez probablement admirer l'un des beaux voiliers qui s'abritent parfois ici. Cette partie encore urbaine vous permet de voir les chantiers navals locaux, où tout du moins ceux, peu nombreux, qui restent encore en activité.
Poursuivez votre prospection naturaliste sur le canal. Au printemps, ne manquez pas de regarder les gros boutons d'or qui poussent les pieds dans l'eau. Il s'agit du populage des marais, l'une des premières fleurs du printemps.

▶ *Passez sous un pont ❸. Vous vous trouvez alors sur le chemin de halage du canal de la Somme.*

Jadis, sur ce chemin, bœufs et chevaux tiraient les péniches. Alors que de nombreux colverts en liberté accompagnés de leur progéniture au printemps ne manquent pas d'attirer votre regard, vous serez peut-être étonné du fait que les grands cormorans s'adonnent à la pêche, au pied même de ce pont. Les cygnes tuberculés font également partie du paysage.

Histoire de canal

Le tracé sinueux de la Somme freinait la navigation fluviale. En 1778, la décision de construire un canal fut donc prise. Terminée en 1835, cette voie d'eau permit de garder une activité marchande sur le fleuve jusqu'à la fin du XIXe siècle.

Le plumage des hirondelles de fenêtre est noir sur le dos ; le dessous et le croupion sont blancs.

Carte IGN 2107 OT ⚠ (1 cm = 350 m)

© IGN Paris

LES FAMILIERS DU LIEU

Héron cendré, canard colvert, poule d'eau, hirondelle de fenêtre, rougegorge, accenteur mouchet, troglodyte mignon, merle noir, perdrix grise, loriot, bruant des roseaux… Hivernants / migrateurs : grèbe castagneux, grand cormoran, cygne tuberculé, foulque, bécassine des marais…

Lapin de garenne, rat musqué, taupe, renard, chevreuil…

En hiver, le canal ne gèle pas. Il est donc apprécié des canards qui ne trouvent plus d'eau pour barboter lors des vagues de froid. Les harles huppés, au bec spécialement adapté à la capture de poissons, se déplacent parmi les groupes de fuligules milouin et morillon. La boule de plumes surmontée d'une grosse tête aux yeux jaunes est un garrot à œil d'or. La fuite des poules d'eau et des foulques sur le contre-canal n'échappe pas à votre regard. Des hérons cendrés viennent taquiner le poisson pour leurs jeunes. Leur colonie, forte de près de 200 couples, se situe à proximité.

▶ *Devant la table de pique-nique, engagez-vous sur le pont 4. Vous traversez ensuite Pinchefalise.*

Cette petite incursion vous permet de remarquer les habitations traditionnelles : souvent des fermes, à la forme allongée, d'où leur appellation de longère. Certaines laissent encore transparaître les matériaux originaux de leurs murs, le silex et le torchis. Regardez les hirondelles de fenêtre, nombreuses. Comme le martinet, cet oiseau peut passer la nuit en vol, à plusieurs centaines de mètres du sol.

Perdrix grise

▶ *Vous traversez ensuite la route et longez le camping* ❺ *qui laisse bientôt place, sur votre droite, au bois de Neuville, abritant de beaux spécimens de hêtres et de chênes.*

C'est le moment de tester vos connaissances en chants d'oiseaux... Pour cela, restez 15mn au repos. Rougegorge, accenteur mouchet, troglodyte mignon et merle noir donnent de la voix. Certains disques compacts existant sur le marché vous aideront à les reconnaître. Des perdrix grises cherchent leur nourriture dans les champs. Habituellement grégaires, ces oiseaux ne se séparent qu'au printemps, pour se reproduire.

En voiture !

Embarquez à bord d'un train de la Belle Epoque pour faire le tour de la baie de Somme et découvrir les paysages qui composent la côte picarde. Jadis exploité par la Société Générale des Chemins de Fer Economique, ce train a désormais une vocation touristique.

▶ *(Pour raccourcir la balade, variante possible en revenant par Neuville)*

▶ *Arrivé au niveau d'une exploitation de sable de rivière* ❻ *– le chemin peut avoir subi quelques dégâts – bifurquez sur 50 m environ jusqu'au beau massif d'ajoncs au jaune resplendissant. Empruntez un tronçon du chemin balisé.*

Le bois abrite de très beaux arbres : chênes, hêtres, bouleaux, marronniers. La partie nord des souches est parfois recouverte de mousses diverses. Le sous-bois est également colonisé par les fougères. La corneille noire trahit sa présence par son cri rauque et répété.

▶ *Engagez-vous à nouveau sur la route* ❼.

Jetez un regard en arrière afin d'embrasser la lisière du bois : elle se teinte de couleurs multiples en automne. Admirez le château de Drancourt, sur la gauche, en entrant dans le village.

Le loriot, dont le chant est discret, ne manque pas de se distinguer par son plumage jaune et noir.

▶ *Au croisement suivant, se trouve un calvaire comme à de nombreux carrefours ruraux, prenez à gauche puis à droite après la peupleraie* ❽.

Quelques espèces élisent domicile dans cette plantation de peupliers. Au mois de mai, tendez l'oreille pour y entendre le loriot. De la taille d'un merle, ce chanteur discret ne fréquente que les branches les plus hautes, sauf lorsqu'il prospecte le sol à la recherche de chenilles ou de vers de terre.
Ce paysage de marécages est traversé par l'Avalasse, un cours d'eau prenant sa source dans le plateau crayeux du Vimeu.

Un étang est bordé de vieux saules. Ce milieu correspond aux exigences de la chouette chevêche, un petit rapace nocturne qui se raréfie en France. Nichant dans les arbres creux, elle peut passer des heures perchée en évidence sur une branche. Pour héberger cette espèce, un territoire doit aussi contenir des pâtures pas trop éloignées et riches en vers de terre.

▶ *Prenez à droite à l'embranchement suivant* ❾.

Environ 200 mètres de mares en sous-bois, bordées de saules, s'étendent sur la droite. Quelques roseaux y poussent ; ils représentent l'habitat favori du bruant des roseaux et de la rousserolle effarvatte.

▶ *Le passage boisé* ❿ *est un peu difficile par temps pluvieux. Il est traversé de fossés et abrite des mares en sous-bois. Longez la roselière correspondant aux bas champs de Rossigny* ⓫.

Non coupées, les roselières sont le royaume du phragmite des joncs dont l'arrivée, à la fin du mois de mars, annonce le retour des beaux jours. La végétation très rase attire les bécassines des marais recherchée les chasseurs. Les haies abritent des espèces variées en toute saison. Outre les pies bavardes, les merles noirs et les pigeons ramiers, vous remarquerez encore la buse variable ou le busard Saint-Martin.
Une pause ⓬ vous permet d'observer l'allure des très vieux saules têtards. Mêmes morts, ils sont encore utiles à la vie. Les pics épeiches y creusent leur nid au printemps et mangent les insectes xylophages qui ont établi leur demeure dans le bois.

▶ *Il vous faut maintenant traverser la route* ⓭ *pour regagner Saint-Valery-sur-Somme.*

Cédric Fagot et Frédéric Lepilliez,
Syndicat Mixte Baie de Somme - Grand Littoral Picard

Nid de pie dans un peuplier

PRATIQUE

En voiture : prenez l'autoroute A 16, sortie Abbeville nord, direction Saint-Valery-sur-Somme par la D 40. Rejoignez la gare située à proximité du port de plaisance. En train à vapeur (pendant la saison touristique) : prenez la ligne Paris-Calais et descendez à Noyelles-sur-Mer. Rejoignez ensuite le point de départ de la balade par le chemin de fer de baie de Somme, direction Saint-Valery-sur-Somme.

Stationnez à proximité de la gare du chemin de fer de la baie de Somme.

Cette balade facile de 10,5 km se fait en 3 heures – sans compter les pauses et vos observations. Vous pouvez pique-niquer sur les bords du canal ; des tables ont été installées à cette fin, à 1,5 km du départ.

Ce sentier est praticable toute l'année. Il ne permet pas forcément l'observation de nombreuses espèces d'oiseaux, mais constitue une balade agréable.

La vieille ville de Saint-Valery-sur-Somme et l'écomusée Picarvie, tout proches, vous accueillent après la balade.

15 La réserve du **hâble d'Ault**

Le hâble d'Ault est le site ornithologique de la côte picarde le plus riche après la baie de Somme. L'air vivifiant de la mer et les nombreuses découvertes naturalistes que vous pourrez y faire ne font qu'ajouter au charme de la balade.

▶ *A partir du parking, prenez le chemin ❶ qui longe l'exploitation de galets et prenez à droite juste avant celle-ci. Le circuit vous mène vers l'Amer sud ❷, un monument surplombé d'un ouvrage anti-débarquement.*

Tête de grand gravelot

En automne, n'hésitez pas à rester quelques minutes à scruter l'horizon. Les fous de Bassan, en migration vers le sud, plongent à la recherche de poissons, tandis que les macreuses noires et les eiders à duvet se reposent tout près de la côte. Avec un peu de chance, vous verrez peut-être un labbe ou un puffin. Ce guet à la mer pourra être répété pendant toute la partie de votre promenade en front de mer.

Fou de Bassan

▶ *Continuez tout droit. Le sentier vous appartient… ou presque.*

Vous entrez ici dans le domaine des gravelots.
Les trois espèces nichent ici : le grand, le petit et le gravelot à collier interrompu. Vous croiserez sûrement ce dernier. Dans la répartition de l'espace avec ses cousins, il a opté pour les zones de galets les moins végétalisées et les plus proches de la mer. Il partage cet espace minéral avec une rareté végétale, le chou marin. Cette plante, réputée comestible, est protégée par la loi française. En juin et juillet, ses jolies fleurs blanches égaient le gris bleuté des galets.

▶ *Vous arrivez à l'entrée de la réserve du hâble d'Ault ❸.*

Havre, haben, hafen… hâble ✿

Tous ces termes désignent le même mot : "port". Celui d'Ault a été détruit. Au Moyen Age, le hâble était pourtant l'un des plus grands centres de pêche du nord de la France. Richelieu, Vauban puis Napoléon voulurent y créer un port de guerre mais ce projet n'aboutit pas.
Le site trouva néanmoins une vocation militaire au cours de la Première Guerre mondiale en tant que zone d'entraînement de militaires belges.

Carte IGN 2107 OT (1 cm = 350 m)

Fuligule morillon, mâle

Le plan d'eau issu de l'extraction des galets au cours des années 1970 est légèrement salé et ne gèle que lorsqu'un froid très vif s'installe pendant de longues périodes. En hiver, cette étendue d'eau peut donc accueillir de nombreuses espèces d'oiseaux. Parmi elles, le majestueux cygne tuberculé et la foulque macroule restent les plus courantes, en toute saison. Au printemps et en été, vous noterez les goélands marin, brun, argenté et cendré et, au mois de juillet, les rassemblements de sternes caugek et pierregarin.
A la même époque, les tadornes de Belon veillent sur leurs nichées. Il n'est pas rare d'observer une crèche : le groupement de deux ou plusieurs couvées sous l'autorité d'un seul couple de tadornes, qui peut avoir alors plus de 15 poussins en charge.
Dans les zones de galets chaotiques ❹, l'avocette élève sa nichée. Peu tolérante, elle s'attaque à tout oiseau s'approchant de son territoire. Si ses jeunes sont à proximité du chemin, elle n'hésitera pas à simuler des attaques contre vous. Eloignez-vous alors de quelques mètres et la vie reprendra son cours normal. De loin en loin, des massifs d'ajoncs agrémentent le paysage de leurs fleurs jaunes.

Les familiers du lieu

Grèbe huppé, grèbe castagneux, cygne tuberculé, tadorne de Belon, canard colvert, canard chipeau, foulque, huîtrier-pie, avocette, vanneau huppé, gravelots, gorgebleue, merle noir, linotte mélodieuse, bruant des roseaux…
Hivernants / migrateurs : grand cormoran, oie cendrée, sarcelle d'été, canard souchet, fuligule milouin, fuligule morillon, faucon crécerelle, chevalier guignette, chevalier gambette, bécasseau variable, courlis cendré, bergeronnette printanière, hirondelle de rivage, cochevis huppé…

Lapin de garenne, rat musqué…

La fleur du pavot cornu ressemble à un coquelicot jaune.

Respectez le site

De nombreuses espèces d'oiseaux, comme les gravelots, nichent au sol. Si vous ne sortez pas des chemins, vous ne risquerez pas d'écraser les nids ou de déranger les familles. D'autre part, ne cueillez pas de fleurs, pensez aux promeneurs qui vous succéderont et qui souhaiteront également profiter des couleurs chatoyantes du printemps. Enfin, ne vous aventurez pas en dehors des chemins balisés, vous risqueriez d'entrer dans des propriétés privées. N'oubliez pas non plus que la chasse est ici fort pratiquée et que pour que toutes les activités coexistent, il faut qu'elles se fassent sur des zones bien identifiées par tous.

▶ *Il est temps de rejoindre le sentier* ❺ *qui traverse la réserve d'avifaune du Hâble d'Ault.*

❻ Une petite halte est ici recommandée au cours du mois de juin pour admirer, sur quelques mètres carrés seulement, les espèces végétales d'une grande diversité qui se développent sur les zones de galets. Les minuscules fleurs mauves du thym serpolet qui se développent en touffes alternent avec celles du lotier corniculé, jaune. Le gazon d'Olympe présente une fleur rose en boule autour d'une tige, courte, de 10 cm de haut. Le pavot cornu développe ses pétales délicats. Attention, toutes ces plantes sont rares et fragiles : ne les cueillez pas, ne les piétinez pas.
Le petit gravelot a élu domicile dans cette végétation.

▶ *Vous êtes maintenant au point d'observation le plus exceptionnel du sud de la baie de Somme* ❼.

Le site, à consommer en toute saison, offre une extraordinaire diversité d'espèces.
Au printemps, l'escale des mouettes pygmées est l'un des moments forts de la vie de la réserve. En cette saison, la plupart des canards profitent du hâble d'Ault pour se reposer et s'alimenter avant de repartir vers des contrées plus nordiques. Canards souchets, canards pilets et sarcelles d'hiver se comptent par centaines. Canards chipeaux, canards siffleurs et sarcelles d'été ne font pas défaut et s'observent dès les premiers jours de mars jusqu'au début de l'été. Les canards colverts, de même que les fuligules milouin et morillon sont présents toute l'année.

Canard souchet

Dans la roselière se cache, notamment en automne, le butor étoilé, l'un des hérons les plus mystérieux. Au-dessus de la surface de l'eau, au cours des mois d'août et surtout de sep-

Pierre qui roule

Le cordon de galets du littoral des bas champs de Cayeux a reculé de 150 à 200 m depuis 1700, comme en témoignent les restes de la ferme des Galets. 30 000 m³ de galets disparaissent actuellement chaque année. Cette fragilité et les intrusions marines contre lesquelles des efforts importants de protection sont consentis – des galets sont régulièrement apportés par camion – sont la cause de rupture du cordon.

tembre, vous pourrez admirer le vol léger des sternes et des guifettes. En poursuivant votre chemin ❽, vous surplomberez une gravière que fréquentent de plus en plus assidûment les fuligules milouin et morillon. En hiver, de nombreux canards siffleurs utilisent également ce plan d'eau lorsque le froid les a chassé des pays nordiques.

▶ *Encore quelques centaines de mètres et vous arrivez bientôt au niveau du carrefour du Grand Barrement ❾.*

Cette digue fut construite pour fermer la zone de contact entre le hâble d'Ault et la Manche en 1760. Depuis la table d'orientation vous pourrez, dans un premier temps, profiter de la vue d'ensemble sur le hâble et ses environs. Puis votre regard se posera sur chaque ensemble. Vous retrouvez la gravière du point ❸ et pouvez y faire de nouvelles observations. Les terriers creusés par le lapin sont occupés par la femelle du tadorne de Belon qui y pond et y couve ses œufs.
La roselière abrite des passereaux. Entre avril et fin mai, cessez tout mouvement et tout bruit pendant quelques secondes. Posée sur un roseau plus haut que les autres, la gorgebleue chante, couvrant le discret gazouillis de la rousserolle effarvatte. Sur le chemin du retour, les fourrés d'argousiers accueillent de nombreuses espèces. La fauvette grisette est là au printemps, le merle noir et la linotte mélodieuse presque toute l'année. Avril voit le passage, discret et irrégulier, du merle à plastron qui sera peut-être la récompense de votre persévérance.

Patrick Triplet et Florent Violet,
Syndicat Mixte Baie de Somme - Grand Littoral Picard

L'oiseau rare

270 espèces d'oiseaux ont été déterminées au hâble d'Ault au cours de ces deux derniers siècles. Ce nombre constitue probablement un record étant donné la faible diversité des milieux : pas d'arbres ni, ou peu, d'arbustes. Des raretés ont été répertoriées ici : le phragmite aquatique, par exemple, présent chaque année en août ou des canards nord-américains qui se font de plus en plus réguliers. Sauvages ou échappés de captivité ? Une question à ce jour laissée sans réponse.

Tadorne de Belon

PRATIQUE

▶ A partir d'Abbeville, suivez les panneaux indiquant Cayeux-sur-Mer. Dans l'agglomération rejoignez le boulevard du front de mer. Laissez votre voiture à l'extrémité sud de celui-ci, marqué par un panneau présentant une carte des bas champs de Cayeux-sur-Mer.

✖ Le sentier commence au niveau de l'usine de traitement de galets, à 30 m de la fin du boulevard du front de mer, sur la droite.

Les 6,5 km de marche et les nombreuses observations que vous ne manquerez pas de faire vous entraînent pour une balade de 3 heures environ.

Mars et avril sont les meilleures périodes d'observation pour les anatidés, avril et mai pour les limicoles, août et septembre pour les sternes. Balade déconseillée en période de chasse, du 24 septembre au 28 février.

Le Hourdel est un petit port agréable à visiter et Ault vous offrira des vues imprenables sur les falaises.

6,5 km | 2-3 h

16 | Balade dans les bas champs

Autrefois, l'élevage et l'extraction des galets marquaient le paysage. Aujourd'hui, la vie sauvage reprend ses droits : sternes, cygnes et canards trouvent accueil et nourriture dans les bas champs de Cayeux-sur-Mer.

▶ *Vous êtes au niveau du bassin d'épuration de Woignarue* ❶*, prenez vers l'ouest et longez la Chaussée blanche, construite en 1667, également appelée digue du marais de Woignarue* ❷*.*

Votre balade commence par la découverte des pâtures humides sur lesquelles est pratiqué l'élevage bovin. Au printemps, les vanneaux huppés y établissent leurs territoires, tandis que des bandes d'oies cendrées viennent y consommer l'herbe tendre nécessaire à la reconstitution de leurs réserves énergétiques. Les courlis corlieus reviennent à la mi-avril et profitent des ressources des pâtures en vers de terre.
Au loin se profilent les huit kilomètres de falaises picardes qui terminent la série de celles de Normandie.

▶ *Vous parvenez sur un petit pont* ❸ *dans le plus grand silence.*

Sur la droite, le fossé peut abriter une poule d'eau, un héron cendré ou un martin-pêcheur. Sur votre gauche, il s'est élargi et laisse découvrir une mare où séjourne en permanence un couple de cygnes tuberculés. De mai à septembre, ces oiseaux sont accompagnés de leur progéniture. De remarquables amoncellements de végétaux divers forment des huttes rappelant celles du castor ; il s'agit en fait des constructions du rat musqué.
Une clôture ❹ vous sépare d'un îlot de galets à la végétation rase où de nombreux lapins de garenne ont établi leur terrier que leur empruntent souvent les tadornes de Belon pour y couver leur progéniture. De nombreux oiseaux fréquentent cet îlot. Toute l'année, les grands cormorans profitent des

L'extraction des galets

Les galets sont exploités à Woignarue depuis 1910. Ils étaient jadis acheminés jusqu'à la gare de Lanchères par charrette avant d'être chargés sur des wagons. La silice qu'ils contiennent se retrouve notamment dans les céramiques. Les galets ont aussi servi à édifier les églises d'Ault et de Saint-Valery-sur-Somme. Le résultat actuel est la présence de grands plans d'eau, des gravières, là où les galets étaient prélevés.

Carte IGN 2107 OT ! (1 cm = 350 m)

Sterne pierregarin

berges pour digérer au sec leurs captures de poissons. De juillet à septembre, ce lieu accueille les plus importants rassemblements de sternes des bas champs de Cayeux. Les effectifs des sternes caugeks au bec noir à pointe jaune dominent ceux de sternes pierregarins au bec rouge. Sur le plan d'eau ❺, résultant de l'extraction de granulats (sables, graviers et cailloux qui entrent notamment dans la composition du béton) au cours des années 1970, de nombreux cygnes tuberculés trouvent une nourriture abondante (plantes aquatiques, herbes des berges…). Ce site accueille aujourd'hui de nombreux oiseaux de juin à août lorsque la mue des plumes des ailes les empêchent de voler. En longeant la gravière – l'ancienne carrière de graviers mise en eau –, familiarisez-vous avec les foulques, ces boules de plumes noires agrémentées d'une plaque blanche au niveau du front. Elles sont nombreuses à cet endroit et, aux mois juin et juillet, cohabitent avec les familles de tadornes de Belon. Le plan d'eau sur votre droite a été divisé en deux parties afin de conserver une zone de quiétude pour l'avifaune. La chasse reste autorisée sur celui de gauche, ce qui n'empêche pas de nombreux oiseaux de s'y poser. Attention, des formes en plastique peuvent vous laisser croire à la présence de dizaines de canards sauvages. Ne vous faites pas prendre.

Les familiers du lieu

Cygne tuberculé, tadorne de Belon, canard souchet, sarcelle d'été, huîtrier-pie, vanneau huppé, petit gravelot, perdrix grise, traquet motteux, tarier pâtre, bruant des roseaux… Hivernants / migrateurs : plongeon arctique, plongeon catmarin, grèbe huppé, grèbe jougris, grèbe esclavon, grand cormoran, goéland argenté, goéland cendré, mouette rieuse, chevalier guignette, chevalier gambette, bécasseau variable, martin-pêcheur, hibou des marais…

Lapin de garenne, rat musqué, taupe…

Sauvé des eaux

Jadis située en bord de la mer, la ferme des galets se réduit aujourd'hui à un seul pilier. L'érosion du trait de côte a eu raison de la bâtisse qui, avant d'être disloquée par les flots, proposait aux chasseurs, pêcheurs et agriculteurs une halte appréciée dans son café. Seul le pilier gauche de l'entrée, témoin de la mobilité des cordons de galets, a été sauvegardé dans le cadre des travaux destinés à conforter la digue, entrepris à la suite de l'intrusion marine dans les bas champs en 1990.

Femelle

Mâle

Le chant du verdier est un trille caractéristique évoquant une sonnette électrique.

L'autodiscipline est de règle

Les bas champs de Cayeux-sur-Mer présentent la particularité d'être dépourvus, sur leur frange littorale, d'arbres et d'arbustes. Impossible donc pour les oiseaux de se dissimuler pour trouver un peu de quiétude. Lorsque les chemins ne sont pas protégés, il convient d'être prudents et d'éviter des déplacements rapides pouvant effrayer les oiseaux. Les chiens doivent impérativement être tenus en laisse.

▶ *Continuez votre chemin jusqu'à la digue de front de mer ❻. A 500 m, sur votre droite, prenez le temps d'aller jusqu'à la ferme des Galets ❼, témoin d'une époque révolue. Revenez sur vos pas et descendez vers Ault ❽.*

Une partie du cordon de galets, détruit par une terrible tempête en 1990, a été refaite. La flore, composée d'espèces typiques des zones pierreuses, est associée à une végétation plus banale mais productrice de graines et attractive pour de nombreux passereaux. Les verdiers, les chardonnerets et les linottes mélodieuses sont au rendez-vous dès le mois de septembre. Fin octobre, les bruants des neiges font leur apparition en groupes de taille variable, pouvant compter jusqu'à 150 individus. Si vous voyez passer une bande de petits oiseaux avec de larges plaques blanches sur les ailes, soyez attentifs, il peut s'agir de cette espèce hivernante.

Côté mer, vous rencontrerez des pêcheurs taquinant les bars et différents poissons plats (carrelets, flets, soles, limandes et le gastronomique turbot), abondants dans ces zones magnifiques dominées au loin par les falaises d'Ault et de Mers.

A intervalles réguliers, des ouvrages en béton rompent la digue en galets. Ces épis ont été construits afin d'arrêter le mouvement des galets et d'assurer ainsi un large rempart, capable de retenir les assauts des flots lors des fortes tempêtes.

Avec un peu d'attention, notamment en été et en automne, sur la laisse de mer, la partie découverte à marée basse, vous remarquerez peut-être en vous baissant les nombreuses pelotes d'œufs de buccins (des mollusques) ressemblant de prime abord à des éponges.

▶ *Il est temps de descendre de la digue en galets et de poursuivre la visite des bas champs ❾.*

La chaussée d'Onival, comme beaucoup de chemins dans les bas champs de Cayeux, est le vestige d'une digue construite en 1646. Son but était d'isoler une parcelle de terrain de la mer afin d'augmenter la surface cultivable. Vous traversez une nouvelle série de pâtures ponctuées de mares. Chacune d'elles, en période de fermeture de la chasse, peut vous réserver une surprise. N'approchez pas, observez. La chance vous sourira sans doute. Un couple de sarcelles d'été ou de canards souchets peut s'être installé. En mai et juin, le mâle apparaîtra seul, mais la femelle, et parfois les jeunes, ne sont pas loin.

Sarcelle d'été

▶ *Vous arrivez au pied de la falaise morte* ⑩.

Un cordon de galets protège depuis des centaines d'années cette falaise de l'érosion marine. Sa pente douce permet maintenant une utilisation agricole. Les haies qui bordent le chemin vous permettent d'entendre la fauvette grisette et d'autres oiseaux de talus et de haies. Quelques perdrix grises sont souvent présentes ici.
Perché sur un piquet, le tarier pâtre vous surveille et décolle à votre approche pour se poser à nouveau sur un autre promontoire. Il est possible qu'il vous accompagne ainsi jusqu'à votre véhicule, s'assurant que vous êtes venu sur son territoire sans aucune mauvaise intention.

Patrick Triplet et Florent Violet,
Syndicat Mixte Baie de Somme - Grand Littoral Picard

Les vertus des plantes

Si le cygne tuberculé est aujourd'hui omniprésent sur les zones humides de la côte picarde, il n'en a pas toujours été ainsi. Jusqu'au cours du terrible hiver 1962-1963, il figurait parmi les espèces rares. Sa reproduction locale n'a d'ailleurs été prouvée qu'en 1975. Ne se nourrissant que de végétaux, c'est probablement à la flore riche et variée du littoral que ce cygne doit la vitalité de sa population.

PRATIQUE

Par l'autoroute A 28 (en provenance de Rouen), prenez la sortie de Blangy-sur-Bresle puis la direction du Tréport. A Eu, suivez Ault. Par l'autoroute A 16 (en provenance de Calais), sortez à Abbeville sud, direction Rouen par l'A 28 qu'il faut quitter 5 km plus loin pour suivre la D 925, vers Le Tréport. Prenez ensuite à droite la D 19, vers Ault. A Ault, suivez la D 940 direction Cayeux-sur-Mer jusqu'au rond-point à l'entrée de Hautebut. Continuez 100 m et tournez à gauche. Garez-vous au bout de la rue à proximité de la place pavée de galets.

Le départ du sentier se situe à 500 m du stationnement, au niveau du bassin d'épuration de Woignarue.

La balade, longue de 6,5 km, se fait en 2 à 3 heures de marche.

Assez curieusement, cette balade est la moins intéressante au printemps, de mars à fin mai, en raison du faible nombre d'oiseaux présents. En hiver, quand beaucoup d'autres sites ont été désertés, le parcours offre toujours des observations intéressantes avec l'arrivée des oiseaux des pays les plus nordiques de notre continent.

Le chemin de fer de la baie de Somme assure une liaison en été entre Cayeux-sur-Mer et Le Crotoy en contournant la baie de Somme.

17 | Entre **bois** et **falaises**

Perché au sommet de falaises de craie, le bois de Cise est le seul témoin d'un paysage en grande partie dénudé. Façonné par le climat marin, c'est le lieu idéal pour découvrir deux milieux aussi différents que complémentaires : côte rocheuse et bois semi-urbanisé.

▸ *En descendant de voiture, avancez jusqu'aux chemins d'accès à la plage* ❶.

Vous êtes au creux d'une valleuse sèche, avec face à vous la mer et derrière vous l'un des rares bois naturels des côtes de la Manche. Ce site quasi unique allie avec goût l'architecture du début du siècle et un bois d'une richesse botanique remarquable. Le bois de Cise, d'une superficie de 67 ha, demeure en effet l'un des joyaux de la côte picarde. Regardez et cherchez autour de vous un petit oiseau rouge et noir hochant sans cesse de la queue, perché sur un toit ou sur un piquet… Vous l'avez au bout de vos jumelles ? Il s'agit du rouge-queue noir. Voici un bel exemple d'harmonie entre paysage rupestre et milieu urbanisé, car il niche aussi bien à proximité des maisons qu'au sein des anfractuosités de craie.

Rouges-queues noirs

La fragilité des falaises de craie

Contrairement à une idée très répandue, ce n'est pas la mer qui joue le plus grand rôle dans l'effondrement des falaises de craie. La responsabilité en revient aux eaux de pluie et d'infiltration qui pénètrent lentement au sein de la roche calcaire. Celle-ci se dissout sous l'action chimique de l'eau et de l'oxygène. Le travail est ensuite achevé par le gel et par la force mécanique des vagues chargées de galets.

▸ *Continuez en prenant la route de la falaise, sur le versant sud. Après le deuxième virage, suivez les indications jusqu'au panorama Victor-Hugo* ❷.

Devant la table d'orientation, le spectacle est somptueux. Par temps clair, vous contemplerez toute la diversité des paysages de la côte picarde, d'Ault jusqu'aux dunes de la baie d'Authie. Prêtez attention un instant à la physionomie des pins qui vous entourent. Témoins de la force des vents marins, ces arbres font figure de véritables boucliers à l'égard du bois, en arrière du littoral. La linotte mélodieuse profite de ce paravent naturel pour y trouver un abri. Beaucoup d'autres passereaux, particulièrement en période de migration, peuvent être observés en ce lieu ; certains de façon très fugace, comme la svelte hirondelle rustique. D'autres, comme l'élégante bergeronnette printanière, s'attarderont sur les pelouses calcicoles (couvrant un sol riche en calcaire) à la recherche de nourriture.

Patelle

▶ *Longez la lisière sur 300 m et prenez l'allée des Noisettes. Au niveau de l'allée Marie tournez à droite ; vous découvrirez toute la richesse du sous-bois. Marchez jusqu'au sentier du Chèvrefeuille ; empruntez-le sur quelques mètres* ❸.

Voici l'occasion d'approfondir vos connaissances en botanique… Même si le bois de Cise est avant tout une chênaie pédonculée riche en frênes, certains secteurs vous offrent la possibilité d'observer des essences aussi diverses que le merisier, le prunellier ou le tilleul… Les plantes herbacées ne sont pas en reste : la jacinthe des bois couvre au printemps une grande partie du sol. La grande luzule, présente dans les forêts de Normandie, illustre le caractère relictuel de ce bois. Aux endroits où le sol est beaucoup plus acide, des espèces comme la fougère aigle ou le muguet sont présentes. Contentez-vous de les regarder, et surtout ne les cueillez pas !
Au moment même où vous admirez la finesse et la fragilité de l'anémone des bois, un bruit vous fera peut-être lever les yeux

Les familiers du lieu

Goéland argenté, fulmar boréal, choucas des tours, pic épeiche, sittelle torchepot, rouge-queue noir, fauvette à tête noire, chardonneret élégant…

Ecureuil roux, lièvre…

Baies du prunellier

Cachée pendant la journée, la chouette hulotte part, dès le crépuscule, à la recherche de petits rongeurs.

Le fulmar boréal est aussi appelé pétrel fulmar.

Vie de fulmar

Cette espèce est présente en Picardie depuis 1972 et s'y reproduit depuis 1979. Sa population est en constante augmentation. Qualifié d'oiseau pélagique (qui vit surtout en haute mer), le fulmar est aujourd'hui visible presque toute l'année à l'exception du mois d'octobre. La reproduction commence en mai. L'observation de l'unique jeune au nid est possible pendant les mois de juillet et d'août. L'envol a lieu avant la mi-septembre.

Détente et protection

A la belle saison, si le bois de Cise est considéré comme un lieu privilégié de détente et de promenade. Ce site classé est avant tout la propriété d'un certain nombre de résidents. C'est la raison pour laquelle, afin de limiter tout impact sur la faune et la flore, l'Association syndicale autorisée du bois de Cise tente d'intervenir aussi bien sur le développement excessif de l'habitat que sur les cueillettes et les dépôts de détritus intempestifs.

vers la cime des arbres. Assis sur une branche, tenant une noisette dans ses pattes avant, un écureuil roux vous observe pendant quelques minutes avant de partir, de branche en branche, déposer ses provisions à l'abri des regards indiscrets.
En vous baladant un soir de fin d'été, vous vous laisserez peut-être surprendre par l'imprévisible et frissonnant hululement de la chouette hulotte.

▶ *Revenez sur vos pas et continuez l'allée Marie. Au niveau de la route du Vieux-Chêne, remontez sur quelques mètres et tournez à gauche en direction de la chapelle Sainte-Edith* ❹.

Les nombreux grands chênes accueillent trois espèces d'oiseaux, championnes dans l'escalade des troncs. Parmi elles, la moins discrète est le pic épeiche. Il est revêtu d'un habit noir, rouge et blanc, et se manifeste par un cri aigu caractéristique. Plus petite, la sittelle torchepot montre une dextérité certaine à monter ou à descendre les troncs ; l'entrée de son nid est admirablement façonnée. Encore plus petit, le grimpereau des jardins n'en est pas moins dynamique.

▶ *Face à la chapelle, descendez les marches et rejoignez l'allée Germaine. Partez vers la droite jusqu'au sentier des Muses qui vous mènera sur la route panoramique des Mouettes. Prolongez votre balade en prenant à votre gauche le chemin rural du bois de Cise à Ault. Au niveau des champs, continuez le chemin jusqu'au calvaire* ❺.

La partie boisée de ce parcours vous permet d'apercevoir de nombreux passereaux insectivores et granivores. Parmi les plus remarquables, citons la fauvette à tête noire et le chardonneret élégant. En automne, les champs accueillent quelques migrateurs comme le vanneau huppé et le pluvier doré. Plus commune, l'alouette des champs égaiera par son chant puissant et continu le plateau calcaire. Le calvaire est le lieu idéal pour passer quelques minutes à observer la mer et les innombrables oiseaux qui la fréquentent. Le plus facile à repérer est le grand cormoran. Le choucas des tours, également vêtu de noir, est présent tout au long de l'année sur les falaises. Son cri sonore et musical résonne en écho avec celui des goélands argentés, particulièrement imposant lors de la saison de reproduction.

▶ *Pour atteindre l'estran 6, au pied des falaises, descendez le petit chemin et les quelques séries de marches. Quand la mer descend – attention aux horaires des marées – aventurez-vous sur l'estran rocheux en direction du bois de Cise. Pour faciliter votre avancée un chemin a été tracé sur le platier. Ne vous approchez pas de la falaise, des chutes de pierres sont possibles.*

Le paysage qui s'ouvre sous vos yeux ne peut que vous émerveiller. Pas moins de six kilomètres de falaises blanches se détachent d'un décor, dominé par le vert et le bleu, où évoluent des centaines de goélands. En fait… ils ne sont pas tout seuls ! Regardez mieux l'oiseau à la silhouette rigide et aux battements d'ailes rares et saccadés. Rien à voir avec le vol souple et gracieux d'un goéland ! Avec ses yeux noirs, son bec muni de tubulures et son plumage grisâtre, cet oiseau ressemble davantage à un albatros. Plus de doute, il s'agit bien du fulmar boréal. En continuant vers le bois de Cise, profitez des trous d'eau pour découvrir les animaux peuplant les zones de marnage : moules, patelles, balanes, bigorneaux et autres pourpres. A proximité du bois, observez la remarquable adaptation des hirondelles de fenêtre à ce biotope (milieu) peu commun pour elles. Leur nid, habituellement formé de terre et de débris végétaux, est ici fait d'éléments récupérés sur l'estran. D'un mimétisme presque parfait avec la falaise, leur repérage vous demandera sans doute un instant de concentration.

▶ *Vous arrivez au terme de la balade. Il suffit de remonter l'escalier 7 pour rejoindre votre véhicule.*

Florent Violet et Anne Bacqueville,
Groupe Ornithologique Picard

Le goéland argenté est un oiseau très grégaire ; il se rassemble ici en groupes de plusieurs centaines d'individus.

Grand cormoran

PRATIQUE

▶ Situé au sud de la côte picarde, entre Ault et Mers-les-Bains, le bois de Cise est directement accessible par la D 940 à partir de ces deux villes.

✖ Dans le bois, descendez la route jusqu'au square où vous pourrez garer votre véhicule.

Pour une distance d'environ 7 km, prévoyez 4 heures de balade. Des chaussures de marche vous faciliteront le parcours sur l'estran. Cet accès ne doit se faire que si vous avez préalablement pris connaissance des horaires de marée de la région. Partez à marée descendante. L'office de tourisme d'Ault pourra vous renseigner (tél. : 03 22 60 57 15).

Le printemps et l'été sont les deux saisons les plus propices à l'observation d'un maximum d'oiseaux, aussi bien migrateurs que nicheurs.

18 | Promenons-nous **entre deux bois**

Cette balade, chère à Victor Hugo, avoisine d'imposantes falaises qui ne sont pas sans rappeler l'Angleterre ou l'Irlande. Prenez le temps de les découvrir.

▶ ❶ *Garez votre véhicule au niveau du carrefour situé juste avant le belvédère du bois de Cise.*

Le belvédère permet une belle vue sur le bois de Cise, sur Ault et sur les bas champs de Cayeux.

▶ ❷ *Montez les escaliers et accédez à la partie haute de la falaise. Il faut franchir la clôture par le passage aménagé à cet effet. Vous empruntez maintenant le sentier du littoral, ou sentier des douaniers.*

La vue en direction de Mers est impressionnante. Les prairies forment une bande continue, et seul se distingue à quelques centaines de mètres le bois du Rompval. Le plateau rocheux apparaît plus ou moins complètement en fonction de la marée. La hauteur permet d'observer les migrations d'oiseaux au-dessus de la mer. Parfois, vous serez survolé par une bande de choucas. De temps à autre, un fulmar glisse au-dessus du niveau des falaises. Vous aurez peut-être également la chance d'observer un faucon pèlerin. Après des décennies d'absence, un à deux couples réoccupent les falaises picardes.

▶ ❸ *Vous entrez sur la propriété du Conservatoire du littoral à l'endroit matérialisé par un panneau.*

La végétation des prairies ne peut se développer qu'en raison de la présence d'une couche de sol plus ou moins épaisse au-dessus de la craie. Les effondrements de falaise permettent de s'en apercevoir.

▶ ❹ *Vous parvenez à une clôture et à un nouveau panneau du Conservatoire, indiquant que vous allez sortir de la propriété. Vous pouvez continuer, surtout si vous avez pris la précaution de laisser un véhicule de récupération, sinon, il est sage de retourner sur vos pas, en longeant le bois.*

Un bois sous la pression du vent ✿

Accroché à une falaise en bord de mer, le bois du Rompval, constitué principalement de chênes et de hêtres, offre un paysage particulier, dû à sa situation exceptionnelle. Le Conservatoire y a acquis 70 ha de bois et de falaises. Les arbres à proximité de la Manche sont sculptés par le vent et les embruns (phénomène de l'anémomorphose). Une prairie pâturée sépare le bois du bord de la falaise permettant à un troupeau de vaches d'entretenir la végétation rase.

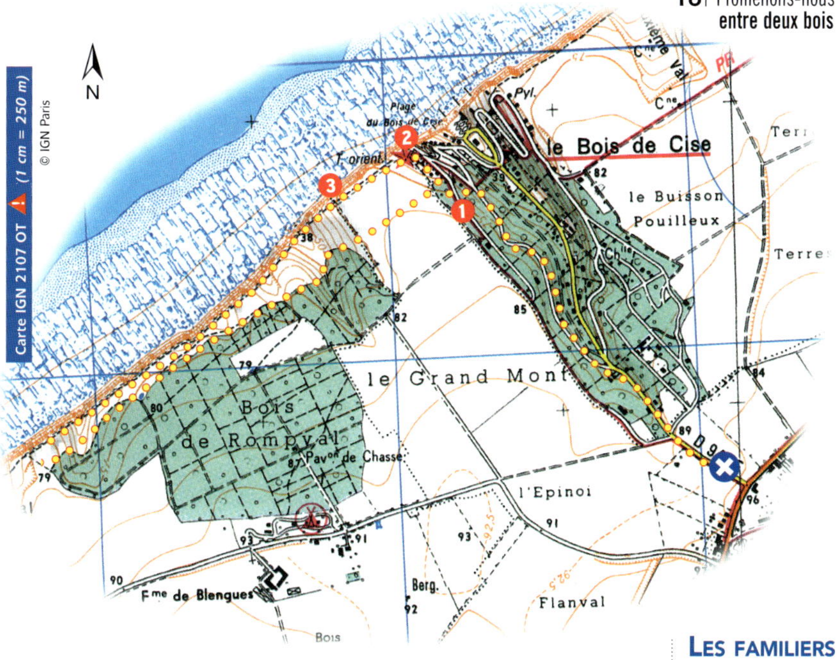

Carte IGN 2107 OT (1 cm = 250 m)

Ce bois est fermé au public, mais l'observation de sa lisière offre toujours des surprises. Au printemps, le chant de la fauvette à tête noire retentit. Les jonquilles sauvages semblent s'être échappées du bois pour égayer la prairie (ne les cueillez pas). Remarquez à partir des hauteurs les couleurs qu'offre le massif boisé, en fonction des différentes espèces. Les pruneliers forment une haie derrière laquelle d'autres espèces plus sensibles au vent peuvent se développer.

Patrick Triplet

Les familiers du lieu

Rougegorge, fauvette, pouillot, pigeon ramier, chouette hulotte, bécasse…

Fauvette à tête noire

PRATIQUE

À partir de la D 940, reliant Saint-Valery à Mers, prenez la D 940 E en direction du bois de Cise. Pour atteindre le belvédère, début de la balade, dépassez le panneau d'entrée du bois de Cise et prenez la première rue à gauche. Continuez tout droit jusqu'au sens interdit. Garez-vous et poursuivez à pied.

Aller et revenir jusqu'à l'extrémité sud de la propriété du Conservatoire prend environ 1 h 30.

La balade se compose de montées et de descentes de vallons. Ayez des chaussures avec des semelles non dérapantes car l'herbe humide peut être glissante. Vous êtes sur une falaise, s'approcher du bord est dangereux. Malgré la clôture, faites attention. Les trois villes sœurs de Eu, Mers et Le Tréport offrent de nombreux atouts touristiques. Révisez l'histoire de France et admirez l'architecture balnéaire du début du XXe siècle.

19 Tourbières et coteaux calcaires

Peu avant l'estuaire de la Bresle, cette balade permet de découvrir la plus importante tourbière de cette rivière côtière, enchâssée entre un tissu urbain et un écran sylvestre. Les coteaux picardo-normands offrent de vastes panoramas sur la Manche.

▶ *Au parking, sur le côté de l'église de Ponts-et-Marais (dont la réfection récente fait apparaître des colombages), engagez-vous sur la droite en contournant une usine* ❶*, sur un chemin d'abord asphalté puis caillouteux pour accéder à la tourbière du "Bois sous la ville".*

Le long du chemin, sur la gauche, une aulnaie à fougères des marais et à groseilliers noirs laisse rapidement la place à une mégaphorbiaie (un ensemble de grandes plantes des marais). Plus loin sur la droite, une roselière régulée par des fossés en eau permanente permet aux fauvettes aquatiques (rousserolles effarvattes, phragmites des joncs...) d'y trouver un milieu favorable. Leur activité favorite est de se jucher sur les roseaux pour chanter. Des batraciens sont aussi présents : crapaud commun, grenouille rousse…

Grenouille rousse

Les oiseaux les plus rares de ce type d'habitat en sont aussi les plus discrets. Seuls les initiés reconnaîtront la gorgebleue à miroir ou la locustelle luscinioïde, ostensiblement présentes par leurs chants, tout comme la bouscarle de Cetti (sédentaire) ou l'hypolaïs polyglotte qui se partagent les secteurs les plus buissonneux. La pie-grièche écorcheur est un passereau facilement reconnaissable à son vol plané, lors de sa quête de nourriture. Vous l'apercevrez peut-être perchée dans la peupleraie, dont le développement n'a pas

Gorgebleue

La chapelle Saint-Laurent

Dédiée au saint patron Laurent O'Toole – un moine évangélisateur irlandais mort à Eu alors qu'il faisait route vers Rouen –, la chapelle fut reconstruite en 1870 sur l'emplacement de deux précédentes. Devant le sanctuaire, deux croix sont dressées. L'une d'elles, en grès, porte une marque d'usure à sa base. Il s'agit, selon la légende, de la marque du pied du saint. Pour que vos vœux soient exaucés, posez votre propre pied à cet endroit.

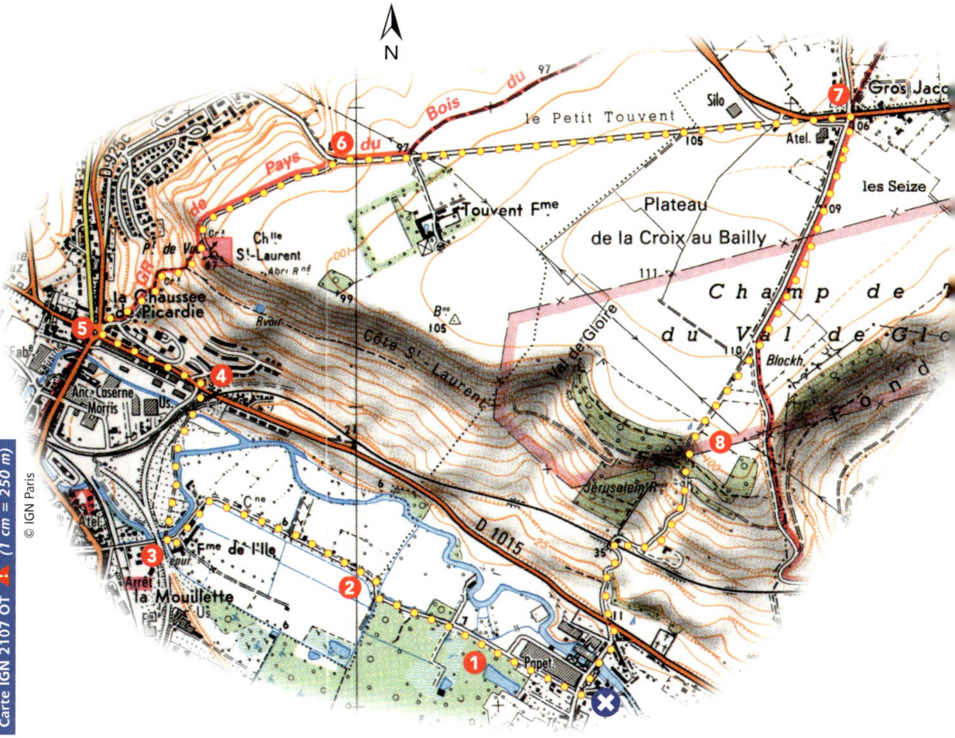

Carte IGN 2107 OT (1 cm = 250 m)

trouvé son meilleur essor dans un sous-sol gorgé d'eau. D'autres oiseaux plus connus, comme le coucou gris ou le rougegorge, égayent de leur chant tonique et nerveux ce havre de paix.

▶ *Le sentier longe maintenant des prés de fauche (domaine de l'Ile)* **2**.

Les prés pâturés en arrière saison sont ceinturés de fossés où vous pouvez observer, au printemps, le populage des marais, une plante qui délimite les zones d'inondation. L'iris peut couvrir d'importantes parcelles gorgées d'eau. Quelques benoîtes des ruisseaux aux lanternes rouges sont des montagnardes présentes sur l'ensemble du bassin de la Bresle. La flore estivale se pare aussi de diverses teintes multicolores comme les inflorescences fuchsia des salicaires ou les pompons bleus de la menthe aquatique, une plante odoriférante. Le cirse maraîcher, avec ses hautes tiges glabres (dépourvues de poils), annonce déjà l'automne.

Les familiers du lieu

Rousserolle effarvate, phragmite des joncs, pie-grièche écorcheur, rougegorge, alouette des champs...

Les tourbières

Les tourbières sont des marais où se développe une végétation luxuriante et diversifiée. La forte productivité végétale conduit à une accumulation de tourbe sur laquelle s'installent des mousses. Véritables éponges, ces dernières assurent une humidité permanente, vitale pour la faune.

Anax empereur, nymphe…

Parmi les insectes aquatiques les plus connus des promeneurs, les libellules arrivent probablement en tête. Les différentes espèces présentes ici sont caractéristiques des eaux stagnantes. Elles sont identifiables à leur abdomen chatoyant : bleu pour l'anax empereur, rouge pour la nymphe au corps de feu, et vert pour le leste… vert.

▶ Peu après les tours historiques de la ferme de l'Ile ❸, traversez la Bresle sur un pont puis longez un secteur de jardins. A leur sortie, prenez à gauche ❹ le trottoir qui longe la D 1015. 200 m plus loin, avant le rond-point, tournez à droite ❺ en prenant le chemin escarpé de la chapelle Saint-Laurent.

Au cours de votre petite ascension, un beau panorama sur la vallée de la Bresle et sur la mer s'ouvrira devant vous. Sur les talus du chemin, vous pourrez observer l'essentiel de la flore typique des coteaux calcaires. Différentes espèces de chardons y poussent : cirse acaule, le nain de la famille, carline vulgaire, aux fleurs brunes, et enfin le panicaut champêtre, qui apparaît essentiellement sur les pelouses surpâturées. Ce cortège floristique est complété par des orchidées vernales (qui fleurissent au printemps) comme l'orchis moucheron qui égraine ses chapelets rouges ici ou là, ainsi que l'orchis verdâtre. D'autres plantes plus rares, comme le calament à petites fleurs, occupent des niches spécifiques comme les zones d'éboulis calcaire.

Les oiseaux typiques de ces milieux sont représentés dès le début du printemps par une colonie importante de pipits des prés qui occupent le gazon ras et se distinguent par leur parade nuptiale en vol, et par le tarier pâtre, bien en vue sur les piquets de pâtures.

▶ Continuez sur le chemin désormais asphalté ❻, puis prenez sur la droite en passant devant la ferme de Touvent. Contournez la Z.A.C. du Gros-Jacques en reprenant un chemin rural sur la droite ❼.

La plaine, milieu d'agriculture intensive, permet à une avifaune spécifique de se reproduire. L'alouette des champs, fidèle aux paysages ouverts, égaie le ciel alors que le bruant jaune hiverne parfois en groupe. Le bruant proyer cascadeur, perché sur les fils électriques, est reconnaissable à son trille métallique. Le busard Saint-Martin, un rapace diurne, fait des apparitions remarquées en frôlant les céréales à la recherche de proies. En cheminant, vous aurez peut-être l'occasion de rencontrer aussi des perdrix à l'envol bruyant ou de gracieuses bergeronnettes printanières au vol ondulé.

La bergeronnette printanière recherche au sol les vers et autres insectes qui composent son menu.

Bruant jaune

▶ *Le sentier reprend un cours plus pittoresque en longeant le bois de Jérusalem* ❽ *puis en descendant vers le village de Ponts-et-Marais. Point de vue sur les prés humides d'Oust-Marest.*

Au printemps, à l'époque des parades, le bois retentit de l'écho d'une avifaune diversifiée où se distingue la fauvette à tête noire, au chant frénétique, ou le pouillot siffleur, reconnaissable à son trille ascendant contrastant avec le chant murmuré de la tourterelle des bois. Sur les abords de ce bois ombragé, outre les espèces d'arbustes calcicoles, remarquez au printemps le listère à feuilles ovales, l'orchis pourpre aux labelles blancs tachetés de pourpre, ou le tamier commun qui partagent le même milieu.

Fauvette à tête noire

Jean-Michel Sannier, **Groupe Ornithologique Picard**

Perdrix grises

Les batraciens

Indissociables des milieux humides, les batraciens (essentiellement grenouilles rousses ou crapauds communs) ponctuent de leur chant les aurores printanières au moment de la reproduction. Peut-être aurez- vous la chance de rencontrer aussi le crapaud calamite qui, contrairement à ses congénères, ne saute pas mais court. L'alyte, ou crapaud accoucheur, affectionne plus particulièrement les prés et apprécie les vieux bâtiments à vocation agricole où il se dissimule, tout comme le rarissime pélodyte ponctué qui peut escalader des surfaces verticales grâce à son ventre-ventouse.

PRATIQUE

En voiture à partir de Paris, prenez la D 1015 passant Beauvais. A partir de Calais prenez l'A 16 puis l'A 28, sortie Eu-Le Tréport par la D 1015. Rejoignez Ponts-et-Marais, tout proche.

La balade commence au parking situé sur le côté de l'église de Ponts-et-Marais.

Balade de 7 km. Comptez 3 heures, arrêts compris.

La meilleure période pour visiter la tourbière va de la mi-avril au mois de septembre. Pendant les hivers pluvieux, cette zone est entièrement gorgée d'eau et abrite des canards de surface comme la sarcelle d'hiver.

Accès à la plage de Mers-les-Bains et à son secteur architectural protégé en reprenant la D 1015 (à 4 km du parking de Ponts et Marais).

20 | Le parc des **sources bleues**

La richesse floristique et faunistique fait de ce parc de 50 ha, acquis par la mairie d'Abbeville à partir de 1974, un agréable but de promenade et d'observation de la nature.

▶ *A l'entrée du parc, un panneau indique le plan du site. Traversez le canal de dérivation et tournez à droite* ❶. *Au virage, vous longez la Sautine* ❷.

Le chemin est bordé d'iris, de carex, de roseaux, de cornouiller sanguin jusqu'à la Sautine, l'une des trois rivières qui traversent le parc de la Bouvaque.

▶ *Au bout de 150 m, deux grands saules* ❸ *vous invitent à tourner à gauche.*

Vous apercevez à votre droite le premier étang des prés Collart, abritant foulques macroules, poules d'eau et cygnes muets. Les prés Collart sont aménagés à l'emplacement des anciens bassins de décantation de la sucrerie, et rappellent qu'Abbeville a longtemps été une capitale sucrière.

▶ *Montez une petite côte jusqu'à un boisement* ❹ *composé principalement de saules, d'aulnes glutineux, de viornes obiers, de chênes... Continuez en longeant la rivière Nouvion. Traversez le pont et tournez à gauche* ❺.

La vue s'ouvre sur les étangs de la Bouvaque. Plus loin, le paysage est dominé par un immense champ de roseaux, vous êtes dans une prairie humide. Vous arrivez à une intersection ; à votre droite, un petit chemin sépare deux petits étangs.

▶ *Revenez sur vos pas et continuer tout droit.*
▶ *Après 300 m, vous arrivez à l'entrée de la rue Basse de la Bouvaque* ❻, *qui offre une vue imprenable sur l'étang de la Bouvaque. Continuez votre chemin en longeant le Nouvion sur votre gauche, les étangs de la Bouvaque et des îlots sur votre droite. Puis traversez le pont* ❼.
Les îlots sont de tranquilles terres d'accueil pour les oiseaux migrateurs, dont la durée de stationnement varie de quelques jours à plusieurs semaines.

Vache et bœuf

D'après le poète abbevillois Ernest Prarond, le mot « Bouvaque » pourrait provenir de la contraction de *bos* (bœuf) et de *vacca* (vache), une étymologie due à l'usage qu'avaient les habitants du lieu de faire paître leurs bovins dans les marais et les dépendances de la ferme tenue par la famille Maupin, propriétaire de la seigneurie de la Bouvaque depuis 1473. La Bouvaque se serait également appelée Beulieu-lès-Abbeville ou Beaulieu-Saint-Milfort.

Carte IGN 2207 O ⚠ *(1 cm = 245 m)*

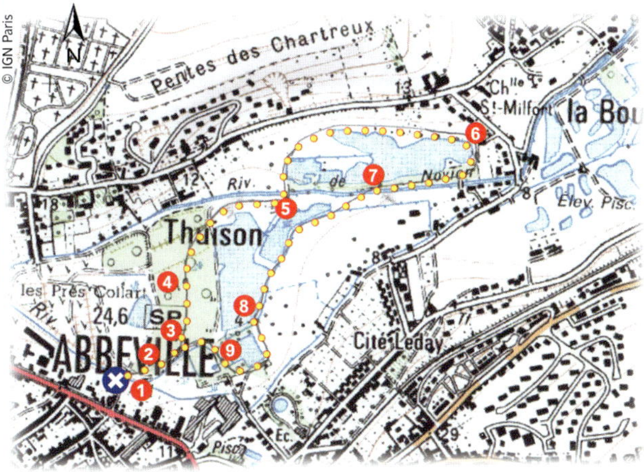

▶ *Traversez le pont enjambant la Sautine* ❽*, vous longez à nouveau les étangs de prés Collart.*

Un martin-pêcheur peut vous y surprendre. Vous apercevez les jardins ouvriers de la Bouvaque, parcelles de terrain mises à la disposition des habitants. Ils étaient destinés à améliorer leur conditions de vie en leur procurant un équilibre social et une autosubsistance alimentaire.

▶ *Traversez à nouveau le pont pour atteindre les sources bleues* ❾*. Rendez-vous au kiosque qui offre un belvédère sur l'étang et continuez tout droit jusqu'au troisième pont.*

Les sources bleues ne se trouvent que dans les massifs calcaires. Leur couleur s'explique géologiquement par la différence de température entre l'eau de surface et l'eau provenant des profondeurs. Dans ce milieu, une végétation adaptée se développe, en forme de boule, que l'on nomme callitriche, ainsi que des saules cendrés, de petits nénuphars...

▶ *Après quelques mètres, vous êtes à nouveau face à la Sautine. Traversez le pont tout en admirant le magnifique « arbre penché » et prenez le chemin de retour sur votre gauche jusqu'au parking de la sortie du boulevard de la République.*

Keltoum Piquard, mairie d'Abbeville

PRATIQUE

▶ Sur l'A 16, prenez la direction de l'ouest, puis la sortie 22 vers Abbeville centre/Saint-Riquier. Au rond-point des Oiseaux, prenez la 2e route d'Amiens (D 1001) en direction d'Abbeville/Saint-Valéry/Le Crotoy. A la place du général De Gaulle, prenez la sortie vers Eu/Le Tréport. Vous êtes sur le boulevard de la République. L'entrée du parc se trouve à quelques mètres sur votre droite.

✖ La balade commence au parking principal, situé boulevard de la République.

🕒 Comptez entre 1 h et 1 h 30 pour faire les 2,8 km que compte la balade.

👁 La meilleure période pour observer les oiseaux se situe entre avril et octobre.

ℹ Le Parc de la Bouvaque (Rue Basse de la Bouvaque – 80100 Abbeville) est ouvert tous les jours, de 7 h 30 à 20 h au printemps et en été, de 8 h 30 à 18 h en hiver.
À proximité, ne manquez pas les jardins d'Emonville et de Bagatelle, le Beffroi, inscrit au patrimoine mondial de l'Humanité, la collégiale Saint-Vulfran, édifiée à partir de 1488, ainsi que l'église du Saint-Sépulcre, remarquable pour ses vitraux contemporains, œuvres d'Alfred Manessier.

légende

- ▶ Signes distinctifs
- ● Habitat typique
- ▲ Migrateur

(Migrateur partiel : mouvement de population uniquement. L'espèce reste visible toute l'année).

- ✚ Période de présence dans la région

Mammifères

- Poids
- ↔ Longueur
- ↕ Hauteur

Oiseaux

- Poids
- ↔ Longueur
- ↕ Envergure

La longueur comprend, pour les mammifères et les oiseaux, la queue.

Cygnus olor : nom scientifique

Le Carnet du **naturaliste**

Faune de la baie de Somme

La côte des **Oiseaux**

Avec plus de 360 espèces recensées, la baie de Somme compte l'une des avifaunes les plus riches de France. Principales vedettes, les limicoles, les échassiers… mais aussi l'emblématique tadorne de Belon.

La baie de Somme se trouve au confluent de trois grands voies migratrices : l'Islande et les îles Britanniques, les pays scandinaves, baltes et la Sibérie. C'est donc une terre d'hivernage des plus accueillantes. Parmi les oiseaux qui s'y rendent en hiver, vous pourrez observer la spatule blanche ou encore la grande aigrette. Essayez également de repérer ces petits passereaux nordiques qui atteignent là leur aire limite d'hivernage : bruant des neiges, alouette haussecol, linotte à bec jaune… autant d'espèces rares dans l'hexagone que l'on peut voir relativement aisément dans la Baie.

Les oiseaux nicheurs sont tout aussi remarquables : l'avocette avec son délicat bec retroussé est courante. Gardez un œil aussi pour ces magnifiques ardéidés que sont le héron cendré, le héron gardebœufs ou l'aigrette garzette.

Les rassemblements de milliers d'oiseaux à marée haute sont un spectacle que vous pourrez savourer tout au long de l'année. Mais certaines périodes sont à privilégier. Pour les limicoles, août-septembre est la période qui assure le plus de diversité. Pour les anatidés (canards), venez entre décembre et février, au moment de l'hivernage. Avec de la chance, et de la patience, vous verrez des canards plus rares comme le garrot ou le harle piette.

Le tadorne mâle est reconnaissable à son imposant tubercule au-dessus du bec

Le tadorne de Belon

La baie de Somme est le principal site d'hivernage du tadorne de Belon en France. Chez ce gros palmipède, la femelle se met à l'abri dans des cavités pour nicher. Il lui arrive ainsi de "squatter" les terriers de lapins de garenne dans les dunes !

Pour en savoir plus :

- SUEUR F., TRIPLET P. (1999), *Les Oiseaux de la Baie de Somme*. Syndicat Mixte Baie de Somme - Grand Littoral Picard, Groupe Ornithologique Picard. 510 p.
- Site internet : www.baiedesomme.org

ECHASSIERS

Le héron, l'aigrette et la spatule parcourent les eaux peu profondes pour se nourrir. Le **héron** (protégé depuis 1976) se nourrit de poissons qu'il pêche à l'affût, parfaitement immobile. A la vitesse de l'éclair, son cou se détend et son bec, en forme de poignard, transperce sa victime. L'**aigrette garzette** procède de même. Enfin, la rare **spatule** est dotée d'un bec extraordinaire : plongé latéralement dans l'eau, celui-ci, très sensible, repère les animaux aquatiques qui sont aussitôt happés !

Héron cendré
Ardea cinerea

Spatule blanche
Platalea leucorodia

Blongios nain
Ixobrychus minutus

Cigogne blanche
Ciconia ciconia

Aigrette garzette
Egretta garzetta

Héron gardebœuf
Bubulcus ibis

GRÈBES

Grèbe huppé
Podiceps cristatus

▶ Tête allongée, bec en forme de poignard, huppe et collerette bien apparentes seulement en été

● Lacs, étangs, rivières calmes, grands bassins… (sur les côtes en hiver)

Grèbe castagneux
Tachybaptus ruficollis

▶ Grèbe de petite taille (le plus petit des grèbes), plumage peu coloré

● Etangs, rivières, canaux…

Hiver *Eté* *Jeune*

↔ 50 cm

Représentés le plus souvent sur les étangs par le **grèbe huppé** et le **grèbe castagneux**, les grèbes forcent l'admiration par leur élégance et leur formidable adaptation au milieu aquatique. Comme un sous-marin, ils disposent de poches dans le plumage qu'ils utilisent comme ballast. Leurs pattes, situées à l'arrière du corps, jouent le rôle d'hélice à propulsion : le grèbe peut ainsi atteindre sous l'eau la vitesse de 2 mètres par seconde ! Gare aux poissons imprudents… Les petits du grèbe, promenés sur le dos de l'adulte, semblent avoir la tête maquillée de rouge, de noir et de blanc. Plus petit et moins coloré que son cousin huppé, le **grèbe castagneux** chasse les insectes, les tritons, les grenouilles et les petits poissons.

Toilette *Parade nuptiale*

Castagneux d'été

Castagneux d'hiver

Foulque macroule

Fulica atra

↔ 38 cm

▶ Bec et plaque frontale blancs, corps noir

● Lacs, étangs, rivières, bassins de retenue d'eau…

Très commune, même dans les étangs des **parcs publics**, la foulque a de quoi vous étonner ! Sa façon de courir sur l'eau, en cas de poursuite et d'envol, laisse apparaître ses énormes pattes, qui semblent disproportionnées. Pour plonger, la foulque fait un petit bond au-dessus de l'eau pour prendre de l'élan avant de s'immerger… Observez-la, vous trouverez d'autres détails amusants sur cet oiseau étrangement adapté à la vie aquatique !

Immature *Poussin*

Combat

Poule d'eau

Gallinula chloropus

↔ 33 cm

▶ Bec rouge à pointe jaune, queue bordée de blanc

● Mares, étangs, rivières avec végétation sur les berges

Comme sa cousine la foulque, la poule d'eau se sent chez elle dans les parcs publics ; elle se promène tranquillement sur les berges et même sur les pelouses ! La poule d'eau fabrique son **nid** au milieu des roseaux, à l'abri des regards indiscrets. En scrutant la végétation avec vos jumelles, vous pourrez peut-être observer les poussins au crâne d'un **rouge** intense. Cette couleur vive incite les parents à les nourrir et disparaîtra à mesure que les jeunes trouveront eux-mêmes leur nourriture.

Poussin

Immature

Canards et anatidés

Certaines espèces nichent chez nous. Mais c'est lorsqu'une vague de froid hivernal sévit dans le nord de l'Europe que de nombreux oiseaux d'eau descendent dans nos régions, là où les plans d'eau ne sont pas encore gelés. C'est le **froid de canard**… Le moment est idéal pour l'observation des anatidés (la famille des canards) sur les étangs. Souchets, pilets, sarcelles, milouins, morillons… forment des groupes souvent composés d'espèces différentes. Canards plongeurs et canards de surface se côtoient au milieu des foulques et des grèbes. A vos jumelles !

Tadorne de Belon
Tadorna tadorna

Cygne tuberculé
Cygnus olor

Sarcelle d'été
Anas querquedula

Oie cendrée
Anser anser

Canard colvert
Anas platyrhynchos

Canard colvert
Anas platyrhynchos

Canard pilet
Anas acuta

Fuligule milouin
Aythya ferina

Canard souchet
Anas clypeata

Fuligule morillon
Aythya fuligula

Sarcelle d'hiver
Anas crecca

Limicoles

D'une taille petite à moyenne, les limicoles sont équipés pour vivre et se nourrir sur les sols gorgés d'eau. La longueur de leurs pattes leur permet de progresser dans la **vase** et dans l'eau peu profonde sans difficulté. La plupart fouillent la vase de leur bec pour se nourrir. Les estuaires et les grandes étendues de sable et de vase mises à nu par la marée sont donc des endroits privilégiés pour les observer. N'oubliez pas les étangs, dont le niveau d'eau a baissé, et qui laissent apparaître de grandes plages de vase : les vasières. Barges, courlis, avocettes, échasses, chevaliers et tant d'autres trottinent sur ces grandes zones dégagées à la recherche de petits invertébrés, de coquillages et de vers. Souvent difficiles à différencier, beaucoup d'espèces nichent dans le **nord de l'Europe** et ne font que passer dans notre pays. Toutes les espèces de limicoles sont menacées par la destruction de leur habitat : les prairies humides et les marais sont asséchés, les estuaires et les côtes sont urbanisés…

↔ 16 cm

Petit gravelot
Charadrius dubius

Grand gravelot
Charadrius hiaticula

Gravelot à collier interrompu
Charadrius alexandrinus

↔ 30 cm

Vanneau huppé
Vanellus vanellus

↔ 20 cm

Chevalier guignette
Actitis hypoleucos

Bécasse
Scolopax rusticola

↔ 33 cm

↔ 25 cm

Bécassine des marais
Gallinago gallinago

↔ 18 cm

Bécasseau variable
Calidris alpina

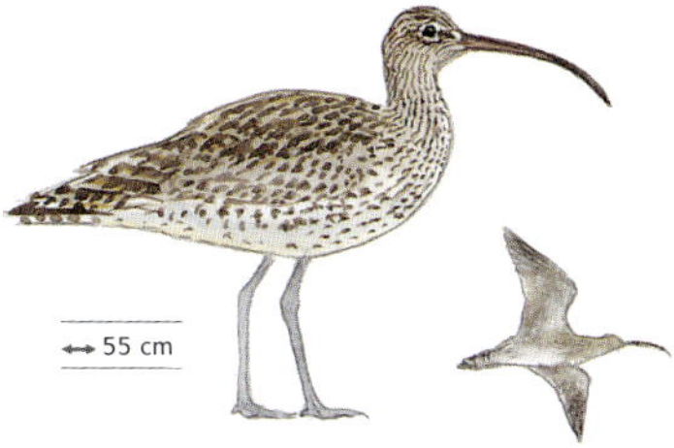

↔ 55 cm

Courlis cendré
Numenius arquata

↔ 28 cm

Chevalier gambette
Tringa totanus

↔ 38 cm

Échasse blanche
Himantopus himantopus

↔ 42 cm

Avocette
Recurvirostra avosetta

↔ 40 cm

Huitrier-pie
Hæmatopus ostralegus

↔ 23 cm

Tournepierre
Arenaria interpres

↔ 42 cm

Barge à queue noire
Limosa limosa

Histoires de becs

Pourquoi les limicoles ont-ils des becs aussi variés ? En fait, cette diversité leur permet d'exploiter des proies différentes et donc d'évoluer dans un même milieu sans être en concurrence. L'huîtrier-pie, avec son bec qui lui sert ou de marteau ou de ciseau, se nourrit de coques. L'avocette sabre l'eau en agitant son bec de gauche à droite. Le courlis sonde le sol à grande profondeur là où le chevalier, au bec plus court, ne peut aller, etc. Autre propriété remarquable, les becs des limicoles sont équipés de petits récepteurs tactiles. Dans la vase opaque, vers et crustacés peuvent ainsi être détectés.

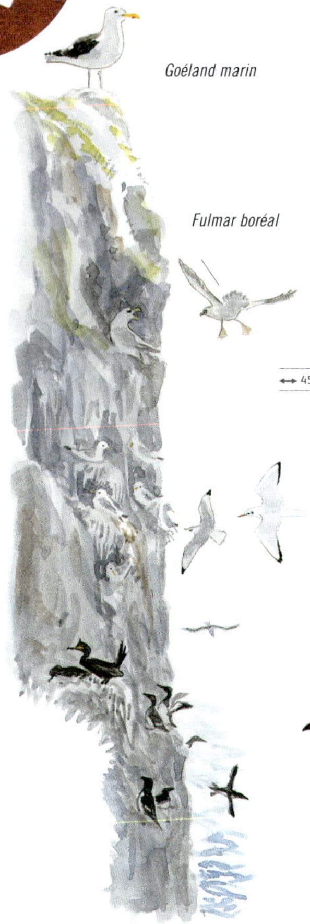

Fulmar boréal

Fulmarus glacialis

▶ Queue courte et arrondie, cou épais, dessus des ailes gris

● Côtes rocheuses, falaises...

Le fulmar boréal, encore appelé pétrel fulmar, plane longuement au ras de l'eau, les ailes tendues, droites et rigides. Ce détail vous permettra de le reconnaître malgré ses airs de goéland. Il niche à même les rochers, dans des endroits souvent inaccessibles. Lorsqu'il est menacé dans son nid, le fulmar crache une huile nauséabonde qu'il peut projeter à plus d'un mètre ! Les prédateurs sont prévenus...

↔ 45 cm

Mouette rieuse

Larus ridibundus

Plumage nuptial

▶ Pattes palmées, cagoule marron sur la tête (février-juillet)

● Etangs, lacs, marais, fleuves, côtes...

↔ 36 cm

Voici enfin un oiseau dont les populations se portent bien. La mouette rieuse a su en effet profiter de l'activité humaine pour étendre sa répartition. Elle niche sur les étangs, et hiverne sur le littoral, parfois aussi à l'intérieur des terres et n'hésite pas à **s'éloigner de l'eau**. Les champs fraîchement retournés sont une aubaine pour elle : les vers et les insectes sont plus faciles à déloger.

Grand cormoran *Phalacrocorax carbo*

▶ Plumage presque entièrement noir, menton blanchâtre

● Bord de mer, fleuves et rivières, étangs et lacs

▲ Migrateur partiel

↔ 90 cm

↕ 145 cm

Spécialiste de la chasse sous-marine, le cormoran plonge et nage parfaitement pour capturer son mets favori : les **poissons**. Paradoxe de la nature, son plumage n'est pas imperméable comme celui de la plupart des oiseaux d'eau ! Vous aurez sans doute l'occasion de l'observer dans une position cocasse : perché les ailes écartées, le cormoran attend que ses plumes sèchent...

En vol

Goélands

Hardi et habile voilier, le goéland argenté est aussi un profiteur. Qu'il saisisse un **mollusque** et le laisse tomber d'une hauteur pour casser sa coquille, qu'il capture un pigeon en pleine ville, qu'il profite des **dépotoirs** à ciel ouvert ou qu'il récupère une carcasse échouée au bord de l'eau, le goéland argenté saura toujours vous étonner par sa faculté d'adaptation : à la fois pirate, pillard, éboueur et prédateur. Il est très répandu le long des côtes et des fleuves.

Goéland brun

Goéland marin

Goéland argenté

Jeunes

Goéland argenté
Larus argentatus

▸ Taille d'une buse, jeune beige et tacheté, adulte gris et blanc

● Bord de mer, fleuves, grands lacs…

Goéland brun
Larus fuscus

▸ Manteau gris foncé-noir et pattes jaunes

● Bord de mer, fleuves

Goéland marin
Larus marinus

▸ Gros goéland à manteau noir, pattes chair

● Bord de mer

Sternes

Les sternes sont des oiseaux migrateurs au long cours qui parcourent plusieurs milliers de kilomètres durant leurs voyages. Destination : l'Afrique occidentale. Un corps effilé et de longues ailes leur permettent mille acrobaties aériennes. En un éclair, les sternes plongent et disparaissent sous l'eau ! C'est ainsi qu'elles pêchent leur nourriture favorite, les petits poissons. Leur longue queue échancrée à la façon des hirondelles leur a valu un autre nom : hirondelle de mer.

Sterne naine

Mode de pêche typique

Sterne caugek

Sterne pierregarin

Sterne pierregarin
Sterna hirundo

▸ Petite mouette au vol souple et élastique, toujours au-dessus de l'eau

● Littoral, bancs sableux, fleuves, étangs

✚ Migrateur

✚ Mars-octobre

Sterne caugek
Sterna sandvicensis

▸ Long bec noir, pointu et jaune à son extrémité, corps très pâle, bonnet et pattes noirs

● Littoral sableux et caillouteux, toujours le long des rivages

✚ Migrateur

✚ Mars-octobre

Rapaces

Buse variable

Buteo buteo

▶ Plumage très variable, queue arrondie en vol plané, ailes larges

● Campagne cultivée, lisières de forêts, bois...

↔ 55 cm
↕ 120 cm

Claire

Plumage clair, sombre, intermédiaire... la buse variable porte bien son nom. Commune, vous l'observerez souvent perchée sur les poteaux ou les piquets. Elle chasse à l'affût essentiellement les campagnols mais elle ne dédaigne pas les insectes, les serpents et les charognes. Ses larges ailes lui permettent de planer en dessinant de vastes cercles dans le ciel. La buse variable niche au sommet des grands arbres.

Bondrée apivore

Pernis apivorus

▶ Plumage variable

● Forêts, bosquets

▲ Migrateur

✚ Mai-octobre

↔ 55 cm
↕ 130 cm

La bondrée apivore doit son nom à sa spécialité : déterrer les **nids d'insectes**, de guêpes, de bourdons et d'abeilles. Postée sur un arbre, elle surveille avec intérêt les allées et venues des insectes qui finiront par lui indiquer l'emplacement de leur nid. La bondrée se nourrit surtout de **larves** d'hyménoptères (abeilles, guêpes...) car elle se méfie des adultes et de leur dard venimeux... Vous l'observerez surtout en vol : elle ressemble beaucoup à la buse. Les barres sombres de la queue et sa petite tête vous permettront de l'identifier.

Busards

Circus sp.

▶ Vol louvoyant près du sol ; mâle gris et pointe des ailes noire ; femelle ocre striée de noir ou brun uniforme (busard des roseaux)

● Champs, landes, marais...

▲ Migrateurs partiels

↔ 50 cm
↕ 40 cm

Busard Saint-Martin mâle

Rapaces menacés, les **busards Saint-Martin**, les **busards cendrés** et les **busards des roseaux** nichent au sol. Les champs de blé, d'orge ou d'avoine ont remplacé les milieux qu'ils fréquentaient autrefois : marais, landes, grandes prairies... La femelle couve pendant que le mâle chasse. Vous aurez peut-être la chance d'assister à cette scène typique : le mâle, un rongeur dans les serres, s'approche du nid pour ravitailler la femelle. Celle-ci s'élève dans les airs et rattrape en plein vol la proie lâchée par son compagnon. Malheureusement, les nichées sont fréquemment victimes du passage précoce des moissonneuses-batteuses.

Busard Saint-Martin ou cendré femelle

Busard cendré mâle

Busard des roseaux mâle

Busard des roseaux femelle ou immature

Hobereau *Crécerelle* *Epervier d'Europe femelle*

Faucon hobereau

Falco subbuteo

Célèbre pour ses chasses spectaculaires, le faucon hobereau est particulièrement visible à la fin de l'été, aux alentours des étangs. Il s'y rend au crépuscule et sème la panique dans les dortoirs d'hirondelles. De folles courses-poursuites s'engagent. Après de nombreuses tentatives infructueuses, il parviendra à saisir en vol un des oiseaux affolés. Il ajoute aussi souvent à son menu des libellules, de gros insectes et même des chauves-souris !

↔ 33 cm
↕ 90 cm

Hobereau en chasse

▸ Longues ailes pointues, gris dessus, tâche rousse à la base des pattes

● Forêts, bosquets, marais

▲ Migrateur

✚ Avril-octobre

Faucon crécerelle

Falco tinnunculus

↔ 34 cm
↕ 75 cm

Son vol sur place, dit “vol en Saint-Esprit”, est très caractéristique. Le faucon crécerelle est bien répandu dans nos régions. Il n'hésite pas à nicher au cœur même des grandes villes, sur des bâtiments prestigieux (Notre-Dame, l'Arc de triomphe…). Plus habituellement, il niche dans les anciens nids de corvidés. Le crécerelle chasse les campagnols, les moineaux et les insectes. Lorsqu'en été les fourmis ailées prennent leur envol par milliers, il est au rendez-vous. Observez-le, les acrobaties auxquelles il se livre pour capturer ces insectes ne vous décevront pas !

Femelle ou jeune

Vol sur place

▸ En vol, allure de pigeon élancé

● Campagne cultivée, villes, milieux ouverts…

Mâle

Faucon pèlerin

Falco peregrinus

“Recordbird” de **vitesse** en piqué, le faucon pèlerin fond sur sa proie à la vitesse vertigineuse de 270 km/h ! Perché du haut de sa falaise, il surveille corneilles, pigeons, grives, limicoles ou autres, et s'interroge sur les chances de réussite d'une attaque surprise. Qu'un oiseau semble malade et voici que le faucon pèlerin prend de l'altitude pour mieux piquer sur sa proie. Souvent, la violence du choc suffit à tuer la victime. **Rare** et menacé, il a bien failli disparaître, notamment à cause de pesticides comme le DDT (aujourd'hui interdit), qui provoquaient sa stérilité !

↔ 33 cm
↕ 90 cm

▸ Dessous clair barré de sombre, ailes pointues, queue courte

● Falaises

▲ Migrateur partiel

Milans

Corneille harcelant un milan royal

Le **milan noir** vole souvent au-dessus des plans d'eau à la recherche de **poissons** morts ou malades. Son régime alimentaire est surtout composé de charognes. Il n'hésite pas à se rapprocher des villes pour profiter de restaurants en plein air : les **dépotoirs** ! Le milan se transforme parfois en pirate de l'air pour ravir une proie à d'autres oiseaux (petits rapaces, hérons...). Ne le confondez pas avec son cousin, le **milan royal**, qui a le dessous des ailes clair et dont la queue forme un V plus marqué. Il s'alimente, comme son cousin, de manière assez opportuniste !

Milan noir

Milvus migrans

- ▶ Plumage uniformément sombre, queue en triangle
- ● Vallées, souvent à proximité de l'eau
- ▲ Migrateur
- ✚ Mars-septembre

↔ 47-55 cm
↕ 140-175 cm

Milan royal

Milvus milvus

- ▶ Longue queue fourchue, taches blanches sous les ailes bien visibles, tête grisâtre
- ● Régions vallonnées, paysages comprenant forets, cultures, prairies...
- ▲ Migrateur partiel

Epervier d'Europe

Accipiter nisus

Femelle

↔ 30-38 cm
↕ 60-80 cm

De son vol rapide et imprévisible, l'épervier rase les haies à la recherche de ses proies favorites : les **oiseaux**. Il se comporte parfois en véritable **kamikaze** lorsqu'il plonge à une allure folle dans des buissons épineux pour saisir un passereau. Sans doute emporté par son élan, il arrive qu'il s'éventre sur une branche ! Les femelles de l'épervier sont beaucoup plus grosses que les mâles. Les couples nichent dans de grands arbres et construisent parfois leur **aire** (nid de rapace) sur les fondations d'un vieux nid abandonné.

Mâle

- ▶ Longue queue barrée de noir, ailes courtes, poitrine et ventre striés, vol nerveux
- ● Campagne cultivée, forêts...

Chasse sur un pinson

Rapaces : tous protégés

Les rapaces diurnes et nocturnes sont tous protégés en France depuis la loi du 10 juillet 1976 et l'arrêté du 17 avril 1981. La seule exception possible concerne la fauconnerie : avec une autorisation du Ministre, il est possible de prélever des œufs d'autour des palombes ou d'épervier. L'élimination des rapaces, volontaires ou involontaires, est donc interdite. Mais, comme bien souvent, c'est la destruction de leurs milieux de vie qui leur cause le plus de tort.

Rapaces **nocturnes**

Vol silencieux, ouïe très fine, vue excellente malgré l'obscurité, les rapaces nocturnes sont parfaitement équipés pour chasser la nuit. Ils avalent leur proie “tout rond” mais leurs sucs digestifs ne sont pas assez puissants pour dissoudre os, poils, plumes ou carapaces d'insectes. Chouettes et hiboux recrachent ainsi des **pelotes de rejection** qui contiennent tout ce qu'ils n'ont pu digérer.

Chouette effraie *Tyto alba*

La **dame blanche**, son autre nom, niche souvent dans les greniers et les clochers. Comme tous les rapaces nocturnes, l'effraie portait soi-disant malheur. Elle fut longtemps piégée et **clouée** sur les portes de grange ! De nos jours, elle est en régression : les vieux bâtiments disparaissent, les clochers sont grillagés et elle est souvent victime de la circulation routière.

↔ 35 cm

▶ Ventre et face blancs ou orangés, masque facial en forme de cœur

● Villes, villages, clochers, vieux bâtiments, carrières

Chouette chevêche

Athene noctua

Symbole d'**Athéna**, déesse grecque de la sagesse et de la guerre, la chevêche est l'une des rares chouettes que vous pourrez observer en plein jour. Elle se nourrit d'insectes et de vers en plus des rongeurs, qui constituent l'ordinaire des rapaces.

↔ 23 cm

▶ Petite taille, grands yeux jaunes, sourcils blancs, plumage moucheté

● Vergers, bocages, villages…

Hibou moyen-duc

Asio otus

En journée, le hibou moyen-duc se tient sur une branche ou se plaque contre le tronc pour se **camoufler** en cas d'alerte. Lorsqu'ils le découvrent dans un arbre, les petits passereaux, qui figurent pourtant parfois à son menu la nuit, n'hésitent pas à le houspiller, voire à lui chiper des plumes jusqu'à ce qu'il s'envole.

↔ 35 cm

▶ Silhouette plus élancée, aigrettes sur la tête (pas toujours dressées), ventre strié, yeux orange

● Bocages, haies, petits bois, lisières de forêts, parcs…

Chouette hulotte

Strix aluco

↔ 38 cm

C'est elle que l'on entend le plus souvent hululer dans les bois. Son régime alimentaire est un peu plus varié que celui de ses cousines : elle y ajoute notamment de nombreux **passereaux**. La chouette hulotte repère les **dortoirs**, frappe sèchement une branche avec ses ailes pour effrayer les oiseaux. Profitant de la panique, il ne lui reste plus qu'à saisir un des malheureux volatiles.

Poussin non volant sorti du nid

▶ Silhouette massive, yeux noirs, ventre strié, pas d'aigrette

● Forêts, parcs et même parcs urbains…

Gallinacés

Faisan de Colchide

Phasianus colchicus

▶ Longue queue, joues rouges (mâle), teintes neutres (femelle)

● Haies, forêts claires, marais, taillis…

Femelle

Originaire d'Asie, le **faisan de Colchide** a été introduit. Les faisans que vous voyez dans la nature sont souvent des animaux élevés puis relâchés à des fins cynégétiques. En scrutant attentivement les labours, vous pourrez peut-être déceler une **compagnie** de perdrix. Ces oiseaux passent souvent inaperçus en raison de leur plumage terne. En cas de danger, les perdrix grises s'envolent au dernier moment car elles n'aiment pas voler. L'espèce est en régression : les petits se nourrissent de chenilles que les insecticides et l'arrachage des haies font disparaître.

Faisan en vol

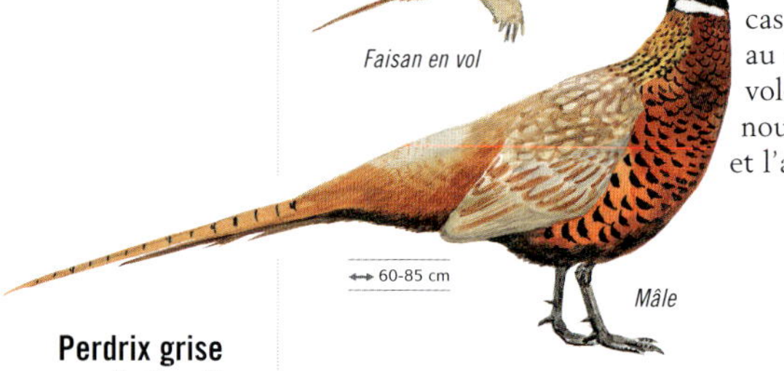

↔ 60-85 cm

Mâle

Perdrix grise

Perdrix perdix

▶ Face, joues et queue brun-roux, couleur générale gris et brun

● Champs, prairies, terrains dégagés…

Perdrix rouge

Alectoris rufa

▶ Bec et pattes rouges, joues et menton blancs

● Bocages, champs, landes…

↔ 35 cm

Perdrix grise

↔ 30 cm

Perdrix rouge

Alouette des champs

Alauda arvensis

▶ Un peu plus gros qu'un moineau, plumage terne moucheté de brun, légère huppe

● Champs, prairies…

Alouette lulu

Un **chant** résonne haut dans le ciel, puissant, interminable… Vous l'entendez sans réussir à distinguer qui en est l'auteur. Persistez ! Ce petit point noir tout là-haut n'est autre que l'alouette des champs, qui, durant presque toute la belle saison, chante sans jamais se lasser. Pourtant, l'alouette niche, dort et chasse au sol. Sa nourriture est composée d'insectes et de graines qu'elle trouve en trottant dans les champs. Ne la confondez pas avec l'**alouette lulu**, au chant mélancolique, qui préfère les zones parsemées d'arbres – friches, landes, clairières – plutôt que les champs cultivés.

↔ 18 cm

Vol chanté

Moineaux

Les moineaux ont toujours su tirer parti des **activités humaines**. Dans les villes ou dans les champs, la nourriture abonde pour le **moineau domestique** comme pour le **moineau friquet**. Ils se nourrissent essentiellement de graines et d'autres matières végétales. Mais il leur arrive de capturer de gros coléoptères et même des lézards des murailles ! Ce sont des opportunistes : une fissure dans un mur, une cavité dans un bâtiment leur suffisent pour construire un nid. Parfois, ils vont même jusqu'à expulser une hirondelle de son nid pour s'y installer…

Femelle

Mâle

↔ 14-15 cm

↔ 14,5 cm

Friquet

Moineau domestique
Passer domesticus

▶ Bec et corps massifs, bonnet gris bordé de marron, gorge noire (mâle), femelle terne, gorge et ventre unis et clair

● Villes, villages, habitations…

Moineau friquet
Passer montanus

▶ Bonnet marron, virgule noire sur la joue

● Bocages, parcs, jardins, vergers, haies, villages

Bruants

Leur **bec massif** indique leur régime alimentaire : les bruants se sont spécialisés dans la recherche des **graines**, qu'ils trouvent généralement au sol… Mais ils nourrissent leurs petits avec des insectes et changent aisément de régime selon la saison. Sans doute aurez-vous quelques difficultés pour identifier les femelles et les jeunes aux couleurs ternes. D'une espèce à l'autre, ils se ressemblent énormément. Le **bruant proyer** se démarque de ses cousins par sa plus grande taille et son comportement sexuel : le mâle opte souvent pour la formation d'un harem de plusieurs femelles qu'il ne cesse de tyranniser !

↔ 18 cm

Bruant proyer

↔ 16,5 cm

Bruant jaune mâle

↔ 15,5 cm

Bruant des roseaux femelle ou plumage en automne-hiver

Bruant des roseaux mâle chantant

Bruant jaune
Emberiza citrinella

▶ Bec court et conique, tête et ventre jaunes (mâle), croupion roux

● Bosquets, champs, bocages, lisières

Bruant proyer
Miliaria calandra

▶ Grand bruant au bec imposant, plumage terne brun-beige-gris rayé

● Terrains cultivés, prairies…

Bruant des roseaux
Emberiza schœniclus

▶ Tête noire (délavée en hiver), moustache et nuque blanches (mâle), tête brune, moustache noire (femelle)

● Etangs, marais, bords de rivières, friches, roselières

Hirondelle de fenêtre
Delichon urbica
- ▶ Queue légèrement échancrée. Bicolore, croupion blanc
- ● Villes, villages, campagne
- ▲ Migrateur
- ✚ Avril-octobre

Hirondelle rustique
Hirundo rustica
- ▶ Queue longue et fourchue
- ● Villages, campagne
- ▲ Migrateur
- ✚ Mars-octobre

Hirondelle de rivage
Riparia Riparia
- ▶ Beige et blanche à collier brun.
- ● Colonie dans les parois meubles
- ▲ Migrateur
- ✚ Mars-octobre

HIRONDELLES

D'où vient leur nom ? L'**hirondelle de fenêtre** niche souvent contre les maisons, sous les toits et les *fenêtres*. L'**hirondelle rustique** niche sur des poutres, à l'intérieur des bâtiments, mais seulement à la campagne. Leur cousine **des rivages** niche dans les parois meubles souvent constituées de sable proche des rives. L'hirondelle rustique, avec sa queue échancrée typique, est la plus visible : elle se nourrit d'insectes proches du sol. Sa population est en déclin à cause des insecticides. L'hirondelle de fenêtre cherche plutôt sa nourriture dans le ciel. Lorsqu'il fait humide mais aussi par temps froid, les insectes sont près du sol… et les hirondelles suivent. D'où la croyance populaire : "Quand les hirondelles volent bas, il va pleuvoir."

Martinet noir

Apus apus

- ▶ Queue fourchue, longues ailes en forme de faux, plumage sombre
- ● Villes, villages, grands bâtiments…
- ▲ Migrateur
- ✚ Avril-août

Vol typique

Le martinet est un oiseau extraordinaire et encore plein de mystères. Le ciel est son royaume : il ne se pose pratiquement jamais, si ce n'est pour se reproduire. **Chasseur d'insectes** infatigable, il se livre à mille acrobaties, poursuivant des moucherons invisibles à notre œil. Il chasse en vol et ne reviendra nourrir ses jeunes que lorsqu'une boule de plusieurs centaines d'insectes se sera formée dans sa gorge. Il a la faculté de dormir en vol à plus de 1 500 mètres d'altitude. Ses ailes volumineuses lui imposent de nicher dans les grands bâtiments et les falaises. Contrairement à l'hirondelle, il ne se perche jamais sur les fils.

Gorge pleine d'insectes

Martin-pêcheur

Alcedo atthis

Avec un sifflement perçant, un **éclair bleu** passe rapidement au ras de l'eau : le martin-pêcheur inspecte son territoire de chasse. Grand spécialiste de la **pêche**, il attend, immobile, sur une branche généralement basse et située au-dessus de l'eau. Au moindre scintillement, il plonge telle une flèche et capture le poisson qui s'est ainsi trahi. Le martin-pêcheur **creuse** des galeries dans les berges pour nicher. Celles-ci peuvent atteindre 1 mètre de profondeur !

Pêche

- ▶ Petit oiseau, bleu et roux, au long bec
- ● Rivières et ruisseaux lents, étangs, bords de mer…

Coucou gris

Cuculus canorus

Le coucou doit son nom à son **chant** bien connu. En vol, sa silhouette rappelle celle d'un petit faucon. Ne cherchez pas son nid, il n'en fait pas : c'est un oiseau "**parasite**". A l'affût sous les feuillages, la femelle coucou repère le nid des petits passereaux (fauvettes, rousserolles, troglodytes, rougegorges…). Au moment propice, elle pond un œuf parmi ceux du légitime propriétaire. Le jeune coucou sort de sa coquille avant les autres et se met à l'ouvrage : il jette les œufs en dehors du nid ! Malgré sa taille disproportionnée, l'imposteur se fera nourrir par ses parents d'adoption ! Dernière étrangeté : le jeune coucou trouve seul le chemin de l'Afrique lors de sa migration.

- ▶ Longue queue, ailes pointues, gris (femelle parfois rousse)
- ● Forêts, bocages, marais…)
- ▲ Migrateur
- ✚ Mars-septembre

Loriot

Oriolus oriolus

Mâle

Son allure d'oiseau **tropical** a valu au mâle plusieurs surnoms, dont celui de **merle d'or**. Pourtant, le loriot se laisse rarement admirer : il vit discrètement au sommet des grands arbres, cachés dans l'épais feuillage. Vous ne le repérerez que grâce à son sifflement flûté et harmonieux. Le loriot se nourrit de toutes sortes d'autres baies ainsi que d'insectes. Les invertébrés figurent aussi à son menu.

Femelle

- ▶ Long bec fin, silhouette élancée, mâle jaune aux ailes noires, femelle vert-jaune, ventre clair et strié
- ● Bois, parcs, lisières de forêts…
- ▲ Migrateur
- ✚ Mai-septembre

Pics

Grâce à leur **bec** puissant, les pics creusent des cavités profondes dans les troncs d'arbres puis délogent les larves à l'aide de leur longue **langue**. Tous tambourinent les arbres au printemps pour délimiter leur territoire. En hiver, le **pic épeiche** choisit des **forges**, sortes d'ateliers où il coince les pommes de pin pour en extraire les graines. Le **pic vert** n'hésite pas à éventrer les fourmilières tandis que le grand **pic noir** hache menu les souches ou les troncs tombés à terre. Le **vol onduleux** des pics est aisément reconnaissable.

Pic épeiche
Dendrocopos major

▸ Bonnet noir, derrière de la tête rouge (mâle), bas-ventre rouge

● Forêts, parcs

Pic vert
Picus viridis

▸ Grand pic au plumage vert (ventre cendré), bonnet rouge, œil masqué de noir

● Vergers, parcs, forêts claires…

▸ Long bec fin et recourbé, allure typique (ou de p'tit pic), plumage terne, poitrine et ventre blanc et beige

● Forêts de feuillus, parcs, vergers, jardins…

Grimpereau des jardins
Certhia brachydactyla

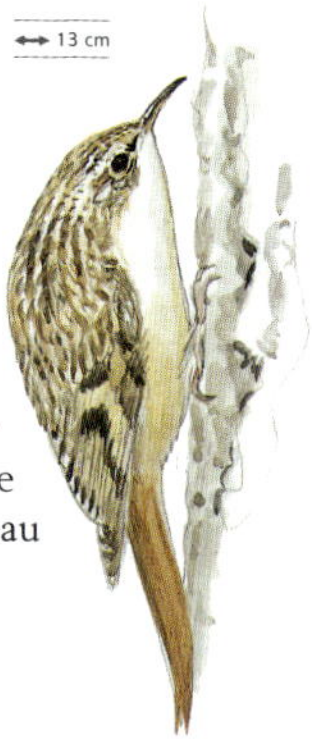

Vous reconnaîtrez le grimpereau à son comportement typique. Il **grimpe** le long des arbres en partant de leur base et en **tournant** autour du tronc. Ce faisant, il fouille l'écorce pour trouver quelques invertébrés à se mettre dans le bec. Ses allures de petit pic, son plumage couleur tronc, son bec fin et recourbé capable de déloger le moindre insecte, tous ces "équipements" font du grimpereau un oiseau parfaitement adapté à son mode de vie arboricole.

Bergeronnettes

Depuis longtemps, les hommes ont observé le va-et-vient de la bergeronnette autour du **bétail**, d'où son nom, qui signifie "petite bergère". En fait, elle est attirée par les **insectes**. Vous observerez souvent la **bergeronnette grise** au sol, sur un terrain dénudé ou une pelouse rase, hochant vivement la queue et courant après quelques moucherons. Sa cousine des **ruisseaux** porte bien son nom : c'est au bord des **cours d'eau** que vous l'observerez le plus souvent. Enfin, plus que ses deux cousines, la bergeronnette **printanière** est une véritable **migratrice**. Les premiers individus sont de retour d'Afrique au mois de mars.

Passereaux des marais

Ces petits oiseaux affectionnent les fourrés denses et les roselières (bouscarle est un nom provençal qui signifie "oiseau des buissons"). La présence des bouscarles et des cisticoles dans une région est fluctuante, un hiver rigoureux pouvant décimer une population.

Bergeronnette grise
Motacilla alba

▸ Passereau blanc, noir et gris (les motifs varient)

● Souvent à proximité de l'eau, bâtiments...

Bergeronnette des ruisseaux
Motacilla cinerea

▸ Tête et dos gris, ventre jaune

● Ruisseaux, rivières, bords de l'eau

Bergeronnette printanière
Motacilla flava

▸ Dos est jaune-verdâtre

● Prairies humides, landes, marais...

▲ Migrateur

✚ Mars-octobre

Rousserolle effarvatte
Acrocephalus scirpaceus

▲ Migrateur

✚ Avril-octobre

Traquet et tariers

Traquet motteux
Œnanthe œnanthe

▸ Masque de "bandit" noir, queue blanche marquée d'un "T" noir à l'envers

● Zones pierreuses, prairies sèches, friches, landes, éboulis, cultures, dunes

▲ Migrateur partiel

Lorsqu'il migre, le **traquet motteux** aime à faire des haltes sur les grosses mottes de terre des champs labourés. C'est ainsi qu'il a été qualifié de "motteux". Il garde son territoire avec une jalousie féroce et va jusqu'à "agresser" d'autres espèces d'oiseaux qui franchissent la frontière invisible de son espace ! Il niche au sol, voire sous terre, dans une **cavité :** sous des rochers, dans un tas de bois ou de pierres, dans des terriers abandonnés, etc.

Mâle

↔ 14,5 cm

Femelle ou plumage d'automne

Tarier des prés
Saxicola rubetra

▸ Sourcils blancs très nets, gorge rousse

● Prairies grasses, humides avec bosquets, marais…

▲ Migrateur

✚ Avril-septembre

Frétillant nerveusement des pattes, des ailes et de la queue, le **tarier des prés** est aux aguets. Du haut de son **perchoir**, la vue est imprenable. Mieux vaut ne pas être papillon ou moucheron. L'oiseau s'envole, attrape sa proie et la décortique rapidement sur place avant de regagner son poste d'**affût**. Pour observer cette scène singulière, rendez-vous sur les chemins qui bordent les prairies humides : le tarier s'y laisse facilement observer.

↔ 12,5 cm

Femelle

Mâle

Tarier pâtre
Saxicola torquata

▸ Sombre, poitrine rousse et tache sur l'aile

● Bocages, prairies, haies, chemins de campagne…

▲ Migrateur

✚ Mars-novembre

Ne confondez pas le **tarier pâtre** avec son cousin des prés qui a des sourcils blancs. C'est en vous baladant le long des prairies et des pâtures que vous aurez le loisir de l'observer. Lui aussi adore les **perchoirs dominants** d'où il peut surveiller son territoire et ses proies. Début avril, il devient très discret car la ponte a commencé. Le nid, construit par la femelle, est souvent placé sur un talus, abrité par des herbes folles.

Mâle

Femelle

↔ 12 cm

Pipits

Anthus trivialis (pipit des arbres)
et Anthus pratensis (pipit farlouse)

▸ Bec effilé, plumage moucheté

● Lisières, clairières, zones ouvertes avec des arbres; pâtures…

Il existe diverses espèces de pipits dont les plus communes sont le **pipit des arbres** et le **pipit farlouse**. Tous deux adoptent une technique de vol originale pour marquer leur territoire… Du haut d'un perchoir ou après avoir pris un peu d'altitude, le pipit se laisse tomber puis, tout en chantant, il ouvre ses ailes et tournoie comme un **parachute** jusqu'au sol. Et la scène recommence. En l'écoutant, vous comprendrez mieux pourquoi il est nommé pipit.

↔ 15 cm

Pipit farlouse

Vol en parachute

Merle noir

Turdus merula

Le merle, insectivore très commun, n'hésite pas à s'approcher des habitations. Il se nourrit au sol en sautillant et en fouillant les feuilles mortes. Lorsqu'il **gratte** la litière avec ses pattes, il fait un vacarme surprenant pour un oiseau de cette taille : on a l'impression d'entendre un grand mammifère détaler dans la haie ! Malgré son penchant pour les vers et les insectes, le merle mange aussi des fruits : pommes, poires tombées à terre, etc. C'est un excellent **chanteur**.

▸ Bec effilé et jaune chez le mâle, plumage entièrement noir (mâle), brun terne chez la femelle

● Forêts, parcs, jardins, bocages…

Etourneau sansonnet

Sturnus vulgaris

Commun, l'étourneau sansonnet niche souvent à proximité des habitations, dans des cavités, sous les gouttières, sous les tuiles, etc. C'est un excellent **imitateur :** perché sur une antenne, il reproduit les sons de son environnement. Certains naturalistes l'ont déjà entendu imiter la grenouille verte ! En hiver, les étourneaux se rassemblent par milliers (souvent plus) pour rejoindre leur **dortoir** communautaire : un pylône électrique, les platanes d'une avenue en plein centre-ville, etc. Face aux **prédateurs** comme les faucons, ils ont copié (allez savoir comment…) sur les immenses bancs de poissons pour se défendre. Ils forment alors une **vague** compacte de **milliers** d'individus : une tache sombre dans le ciel qui change de forme sans arrêt. Spectacle garanti !

▸ Bec effilé et pointu, queue courte, front plat, plumage sombre et moucheté

● Villes, villages, campagne cultivée…

Réaction de vol groupé près d'un épervier

Grives

Grive et gui

Les grives sont difficiles à différencier entre elles, à moins de se concentrer sur quelques détails. Elles ont toutes un régime alimentaire composé d'invertébrés et de fruits. Leur nid, en forme de coupe, est généralement construit à base de brindilles, de mousse et de boue, à plusieurs mètres du sol. Les grives **litornes** et **mauvis** se regroupent pour passer l'hiver dans nos régions. Les autres sont nicheuses. La grive **musicienne**, qui ne se réunit jamais en bande, même en hiver, se confectionne une forge pour casser les coquilles d'escargots. La grive **draine**, plus grosse, adore les baies du **gui** au point qu'elle en est le principal agent disséminateur, grâce à ses fientes qui contiennent des graines non digérées.

Grive draine

Turdus viscivorus

▶ Grande grive beige élancée, cris roulés râpeux

● Vergers, plantations de peupliers, parcs, bois, taillis…

Grive musicienne

Turdus philomelos

▶ Petite grive, rondelette, chante bien en vue

● Parcs, bois, haies…

Grive litorne

Turdus pilaris

▶ Grive aux couleurs plus variées, queue sombre, bonnet et croupion gris

● Bois de bouleaux, prairies, vergers, parcs…

▲ Migrateur

✚ Octobre-avril (hivernant)

Grive mauvis

Turdus iliacus

▶ Sourcils clairs, rousse au flanc et sous l'aile (en vol), cri étiré

● Bois, prairies, parcs…

▲ Migrateur

✚ Octobre-avril (hivernant)

↔ 23 cm

Grive musicienne

↔ 27 cm

Grive draine

Grive litorne

↔ 25 cm

Grive mauvis

↔ 21 cm

Rossignol philomèle

Luscinia megarhynchos

↔ 16,5 cm

Son **chant**, très réputé, que l'on peut entendre d'avril à juin, a fait du rossignol une vedette de la littérature. Il faut dire que ses compositions **nocturnes** sont d'une virtuosité sans égal dans le monde des oiseaux. Le rossignol chante aussi le jour. Munissez-vous de patience pour l'observer car il passe le plus clair de son temps **caché** dans les fourrés. Vers, insectes et araignées de petite taille constituent l'essentiel de son alimentation.

- ▶ Bec et corps effilés, queue rousse, plumage brun-roux, ventre et gorge clairs
- ● Haies, parcs, bois touffus...
- ▲ Migrateur
- ✚ Avril-septembre

Pouillots

Phylloscopus sp.

↔ 11 cm

Pouillot véloce

Les pouillots sont de petits insectivores brun-vert, plus faciles à reconnaître au chant qu'au plumage. Le **pouillot véloce** est parfois appelé **compteur d'écus** car son chant monotone, souvent en deux notes, évoque le bruit des pièces que l'on compte. Son nid, en forme de boule, est situé assez bas dans les buissons. Le **pouillot fitis** a un chant plus fluide et fréquente surtout les forêts. Ce sont des oiseaux **discrets** que l'on entend très souvent mais que l'on voit plus difficilement.

- ▶ Taille d'une mésange, bec effilé, sourcils foncés
- ● Forêts, parcs, haies, taillis
- ▲ Migrateurs
- ✚ Mars-octobre

Pouillot fitis

Rouges-queues

Certains nomment le **rouge-queue noir** le **ramoneur** car il est souvent posé sur une cheminée, comme s'il venait d'en sortir couvert de suie ! D'autres l'appellent "hoche-queue" en raison des tremblements incessants de sa queue. Ces petits détails vous permettront de reconnaître sans difficulté la silhouette des rouges-queues. D'autant qu'aux branchages et aux broussailles, ils préfèrent les perchoirs bien en vue.

↔ 14 cm

Rouge-queue à front blanc mâle

Rouge-queue à front blanc femelle

Poursuite

Rouge-queue noir femelle

↔ 14 cm

Rouge-queue noir mâle

Rouge-queue à front blanc

Phœnicurus phœnicurus

- ▶ Poitrine rousse, très délavée chez la femelle ; souvent au sol
- ● Parcs, jardins, lisières, forêts claires
- ▲ Migrateur
- ✚ Avril-octobre

Rouge-queue noir

Phœnicurus ochruros

- ▶ Bec fin, plumage noirâtre ou grisâtre, queue rousse (souvent en mouvement)
- ● Villes, villages, bâtiments, vieux mûrs
- ▲ Migrateur partiel

Rougegorge

Erithacus rubecula

▸ Taille d'une mésange, bavette rouge-orangé, corps rond

● Forêts, parcs, jardins, haies

C'est en **automne** et en **hiver** que le rougegorge n'hésite pas à se montrer. A la belle saison, c'est un oiseau très discret, et rares sont ceux qui le surprennent autrement que par son chant mélancolique. Sous son joli minois, le rougegorge cache un tempérament colérique. Il garde son territoire avec attention. Gare à l'intrus car le rougegorge voit… rouge. Peu sociable, il chasse et intimide généralement tout autre rougegorge qu'il rencontre.

Jeune

Posture territoriale

Fauvettes

Fauvette à tête noire

Sylvia atricapilla

▸ Bec effilé et corps élancé (comme toutes les fauvettes), teinte terne excepté le dessus de la tête noir ou roux

● Taillis, parcs, jardins, haies denses

▲ Migrateur partiel

L'observation des fauvettes n'est pas chose facile : leur plumage est **terne** et elles passent leur vie cachées au cœur des buissons touffus. Il n'y a guère que la fauvette à tête noire ou la fauvette grisette qui se laissent apercevoir de temps à autre. Ces oiseaux sont **discrets** au point qu'ils pourraient vivre dans la haie de votre jardin sans aucun soupçon de votre part… Si ce n'était leur **chant**, sonore et caractéristique.

Fauvette à tête noire mâle

Fauvette à tête noire femelle

Roitelets

Roitelet huppé

Regulus regulus

▸ Oiseau minuscule, bande jaune aux liserés noirs sur la tête

● Forêts de conifères et mixtes, parcs avec conifères

Roitelet triple-bandeau

Regulus ignicapillus

▸ Bandes blanches (sourcils), noires et jaunes sur la tête

● Forêts de feuillus, de conifères ou mixtes, parcs

Prenez une pièce de monnaie dans votre main, et vous aurez une idée du **poids** des roitelets ! Pesant entre 4,5 et 6 grammes, ils sont les oiseaux les plus légers d'Europe. Ces petites boules de plumes peuvent se laisser approcher à quelques mètres s'ils se sentent en sécurité au milieu des buissons. N'hésitez pas à inspecter le "béton végétal" que forment les haies de thuyas, le roitelet triple-bandeau s'y balade couramment (c'est l'un des rares oiseaux à apprécier le thuya). Observez-le attentivement : lorsqu'il est excité, sa petite bande jaune sur la tête se hérisse et se transforme en courte **huppe**.

Roitelet huppé

Roitelet triple-bandeau

Troglodyte mignon

Troglodytes troglodytes

▸ Petite boule de plumes à la courte queue relevée et au bec effilé

● Forêts, jardins, buissons, haies…

Facilement reconnaissable à sa silhouette ronde et à sa petite **queue dressée**, le minuscule troglodyte ne pèse que 9 grammes. Il se faufile partout, inspectant le moindre recoin pour trouver sa pitance : araignée, insecte, cloporte… Regardez-le se glisser dans les tas de bois et au plus profond des taillis : une vraie souris ! D'autant que le troglodyte n'hésite pas à se rapprocher des maisons. Vous pouvez le surprendre en train d'inspecter vos rebords de fenêtre.

↔ 10 cm

MÉSANGES

L'hiver, les mésanges se regroupent et se déplacent ensemble, parfois rejointes par des grimpereaux ou une sittelle : la **ronde** des mésanges est un spectacle qui ne vous lassera pas durant vos balades hivernales. **Acrobates**, les mésanges peuvent se suspendre aux fines branches pour déloger des insectes inaccessibles aux autres oiseaux. Les chenilles sont les proies les plus appréciées. Les familles nombreuses, comptant souvent plus de 10 petits, sont courantes. A l'envol des jeunes, les parents sont à bout de forces tant les allées et venues pour nourrir tout ce petit monde ont été incessantes depuis l'éclosion.

Mésange charbonnière

Parus major

▸ Tête noire aux joues blanches, ventre jaune traversé par une bande noire large (mâle) ou étroite (femelle)

● Forêts, jardins, parcs…

Mésange bleue

Parus caeruleus

▸ Petite taille, dessus de la tête, ailes et queue bleus

● Parcs, jardins, forêts, vergers…

↔ 12 cm

Bleue

Jeune

↔ 14 cm

Charbonnière

Attention ! Selon son attitude (entretien du plumage…) et la période de l'année (parade nuptiale, hiver, nourrissage des jeunes), l'apparence de l'oiseau peut varier considérablement.

Rougegorge au plumage usé et sale (nourrissage des jeunes)

Rougegorge au plumage neuf gonflé (hiver)

Merle noir prenant un bain de soleil

Moineau domestique prenant un bain de poussière

Corvidés

Corneille harcelant un milan royal

La famille des corvidés – corbeau, corneille, pie, choucas, geai… – est étonnante par sa **faculté d'adaptation**. Omnivores, les corvidés mangent aussi bien des graines que des insectes, des œufs qu'ils pillent dans les nids (vous verrez souvent de petits passereaux houspiller des corneilles) que des charognes… Mais surtout, peu d'obstacles les arrêtent : ils ont du culot, de l'imagination, en un mot ils sont débrouillards.

▸ Long bec puissant, plumage entièrement noir

● Presque partout

La corneille casse les noix et les coquillages en les lançant en vol sur des surfaces dures

Corneille noire

Corvus corone

↔ 46 cm

Comme la plupart des corvidés, la corneille noire semble être beaucoup plus évoluée que les autres oiseaux. Elle résout elle-même de nombreux problèmes : une coquille de noix est trop dure pour être brisée ? Elle la lâche en vol sur des rochers ou une route pour qu'elle éclate. Sa faculté d'adaptation lui permet de profiter des **activités humaines** et de maintenir ses populations. L'agriculture lui offre grains et fruits tandis que la circulation routière laisse derrière un cortège d'animaux écrasés que la corneille dévore. Ultime caractéristique : le mâle et la femelle sont **unis** pour la vie.

▸ Long bec pointu, plumage noir, plumes du ventre pendantes, pourtour du bec grisâtre et déplumé

● Campagne cultivée, bosquets

Groupe tournoyant

Corbeau freux

Corvus frugilegus

Jeune

↔ 46 cm

Pour la nidification comme pour passer l'hiver, le corbeau freux vit en colonies, parfois très importantes. Vous les observerez souvent regroupés dans les labours, en train de se livrer à des acrobaties aériennes spectaculaires. Son aspect négligé – il est parfois appelé **bec galeux** – vous permettra de le distinguer de la corneille. Les nids sont de simples couronnes de rameaux au sommet de grands arbres. Les peupliers accueillent souvent ces "**corbeautières**".

Fringilles

Verdier

Carduelis chloris

Un **trille** caractéristique – on dirait une sonnette électrique – retentit au sommet d'un arbre. Le **verdier** chante et trahit ainsi sa présence. Son bec, conique et puissant, lui permet de venir à bout des fruits d'érables ou de frênes (les samares), même s'il préfère les graines plus petites. Comme chez tous les **fringilles** (une famille de passereaux), la femelle construit un nid en forme de coupe avec des matériaux divers : herbes sèches, brindilles, plumes… Le verdier vient facilement sur les mangeoires en hiver.

▸ Plumage vert (terne pour les femelles, bande jaune sur l'aile

● Parcs, jardins, bocages, campagne

Chardonneret

Carduelis carduelis

Son nom lui vient de son menu favori : la cardère, grand **chardon** qui pousse sur les terrains vagues et les bords de chemins. Le chardonneret en extrait les graines, surtout en automne et en hiver. A son grand malheur, et au mépris de la loi qui le protège, le chardonneret est apprécié par certains amateurs d'oiseaux de volières qui le capturent sans scrupule.

▸ Tête barrée de rouge, de blanc et de noir, bande jaune sur l'aile.

● Friches, parcs, campagne cultivée, vegers, bocages

Linotte mélodieuse

Carduelis cannabina

La linotte est-elle distraite, comme le suggère l'expression "tête de linotte" ? Cet oiseau a la manie de faire plusieurs nids, puis de les abandonner, comme s'il les avait oubliés. En fait, le mâle en construit plusieurs, et la femelle n'en choisit qu'un. Encore une réputation injustifiée ! Les graines des "mauvaises herbes" des champs forment sa nourriture favorite. Du fait de l'évolution de l'agriculture, l'espèce est en régression.

▸ Plus petite qu'un moineau, corps long, queue fourchue. Se nourrit au sol, souvent en groupe. Les taches rouges du mâle sur le front et la poitrine apparaissent du printemps à l'automne.

● Friches, bocages, haies, arbustes

Pinson des arbres

Fringilla cœlebs

Très commun, le pinson fréquente les arbres aux branchages espacés. Les buissons touffus n'ont pas ses faveurs. Observez-le picorer au sol les graines des herbes folles, avec sa démarche originale, mi-trottinant, mi-sautillant. De son chant, qu'il répète plus de **400 fois par heure** en période de reproduction, est née l'expression "gai comme un pinson".

▸ Ailes barrées de blanc et queue bordée de blanc

● Forêts, parcs, jardins, bocages

Connaître et observer les **mammifères**

Si la baie de Somme est sutout connue pour ses oiseaux, quelques mammifères remarquables – comme le phoque veau-marin – peuvent y être observés.

Pipistrelle commune
Pipistrellus pipistrellus
+ Hiberne de novembre à mars

3,5-8 g
18-24 cm
3-6 cm

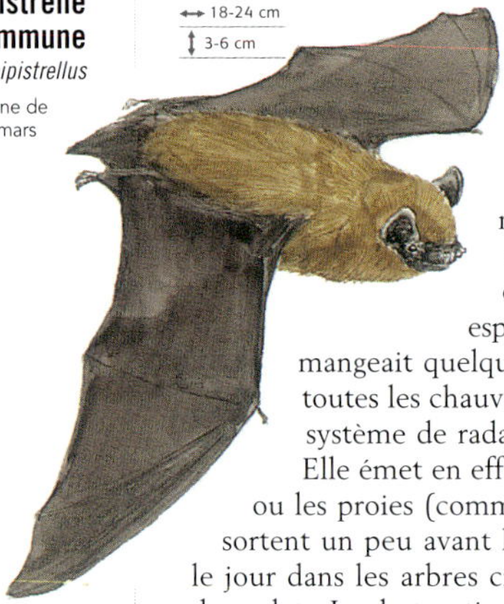

Chauve-souris

Il existe de nombreuses espèces de chauve-souris, ces étonnants petits **mammifères**. Les plus communes sont aussi les plus petites : les pipistrelles. Nocturnes, elles chassent souvent autour des réverbères dont la lumière attire de nombreux moucherons et papillons. Elles peuvent dévorer en une soirée près de 30 % de leur poids en **insectes**. Des scientifiques ont calculé qu'une espèce cousine de la pipistrelle, le murin de Daubenton, mangeait quelque 60 000 moustiques de mai à octobre ! Comme toutes les chauve-souris insectivores, la pipistrelle est équipée d'un système de radar à **écholocation** pour se diriger dans l'obscurité. Elle émet en effet des ultrasons qui sont renvoyés par les obstacles ou les proies (comme un écho). Certaines chauves-souris impatientes sortent un peu avant le crépuscule, mais elles se cachent généralement le jour dans les arbres creux, les grottes, les greniers... et parfois derrière des volets. La destruction de leur milieu de vie et l'épandage de pesticides menacent de plus en plus ces fascinants animaux.

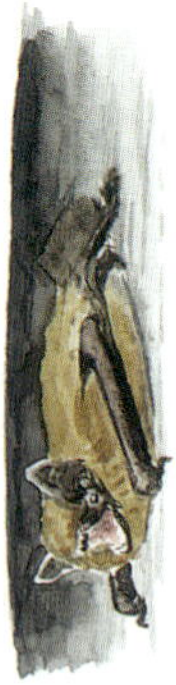

Le cheval henson

Petit, beige et élevé toute l'année dans les prairies de la baie, à l'abri des renclôtures, le cheval henson ne peut vous échapper. Cette race rustique est le fruit du croisement entre le cheval de selle français et le poney fjord des pays nordiques. Sa robe épaisse au poil beige foncé en hiver, devient soyeuse, fine et s'éclaircit en été. Son endurance remarquable l'a d'abord destiné à l'attelage. Aujourd'hui, il contribue également, par son pâturage, à l'entretien des prairies.

Phoques

Le phoque **veau-marin**, fréquente régulièrement la baie de Somme, dont il est un des symboles naturels vivant. Il affectionne les bancs de sable tranquilles, et ne doit en aucun cas être dérangé, afin que d'autres puissent profiter de leur présence… Le **phoque gris**, bien que très rare, se laisse parfois apercevoir le long des côtes. Il se nourrit de poissons, qu'il pêche lors de ses plongées sous-marines. Il peut rester en apnée quinze à vingt minutes et descendre à 130 mètres de profondeur !

105-120 kg

120-200 cm

Phoque veau-marin

Phoca vitulina

▸ phoque à petite tête ronde, uniforme ou finement tachetée

● Bancs de sable dans les grands estuaires, plages

120-300 kg

200-300 cm

Phoque gris

Halichoerus grypus

▸ Phoque au museau assez long, mâle plus gros que la femelle

● Massif dunaire du Marquenterre

Mouflon

Ovis ammon

Le mouflon est originaire de Corse, même si plusieurs spécialistes pensent qu'il a été introduit dans l'île de Beauté à l'époque néolithique. Aujourd'hui, l'homme l'a **introduit** dans plusieurs régions européennes, dont la Somme, pour des raisons essentiellement **cynégétiques** (chasse). Le mâle possède des cornes pouvant mesurer jusqu'à 80 cm de long tandis que celles de la femelle sont très petites, voire inexistantes. Les femelles se déplacent en hardes restreintes que les mâles se disputent au moment du rut (entre octobre et décembre).

▸ Mouton sauvage, grosses cornes incurvées chez le mâle, museau blanchâtre

● Montagne : terrains rocheux ensoleillés et secs, forêts claires

Femelle

25-55 kg

110-130 cm

Mâle

Chevreuil

Capreolus capreolus

15-30 kg
95-135 cm

Faon — *Chevrette* — *Brocard*

▸ Petit cervidé à museau court marqué de noir ; en fuite grande tache claire sur le croupion (miroir)

● Alternance de forêts et de terrains dégagés

Chevreuil

Gestes vifs, corps fin et allure élancée, le chevreuil est nettement plus petit que le cerf. Il est essentiellement solitaire même s'il lui arrive de former de petits groupes, surtout en hiver. Le **brocard** (chevreuil mâle) marque son territoire en frottant ses bois contre de jeunes arbres (frottis) ou en grattant la terre avec ses sabots (grattis).

Il perd chaque automne ses bois. Ceux-ci repoussent à partir de l'hiver et sont opérationnels pour la saison de reproduction (lutte entre les mâles), en été. La **chevrette** élève seule ses deux petits faons, ou chevrillards. Lorsqu'il est inquiet, le chevreuil émet une sorte d'**aboiement** qui rappelle celui du chien. Le crépuscule et l'aube sont des moments privilégiés pour l'observer brouter en lisière de forêt : le reste de la journée, il vit caché dans les bois ou, de plus en plus fréquemment, au milieu des champs.

Bête rousse

Sanglier *Sus scrofa*

60-150 kg
150-160 cm

▸ Corps massif et tête imposante

● Forêts, taillis, bois, marais

Adulte

Marcassin

Marcassin

Sanglier

Les sangliers vivent dans une **compagnie** dirigée par une femelle dominante. Les vieux mâles, eux, préfèrent la solitude. Essentiellement végétarien, quoique omnivore, le sanglier laboure la terre de son **groin** à la recherche des glands, des racines, des champignons… qui constituent sa nourriture. Son menu varie selon les saisons. Affamé, il peut causer des dégâts aux cultures. La **laie** (femelle du sanglier) construit un nid pour mettre au monde ses marcassins : le **chaudron**. Rien à voir avec celui de Panoramix ! C'est un amas de feuilles et de branches qu'elle a entassé et creusé. Les **marcassins** y restent quelques jours. Plus tard, et jusqu'à l'âge de six mois, le jeune sanglier s'appelle "bête rousse", puis à un an "bête noire". Contrairement à certaines croyances, le sanglier ne fait pas de grands déplacements : lorsqu'ils s'émancipent, les jeunes s'installent généralement à moins de 10 kilomètres de leur compagnie.

Petits **carnivores**

MUSTÉLIDÉS

Les mustélidés sont de petits mammifères **carnivores** au corps allongé. La **belette** et l'**hermine** en sont les deux plus **petits** représentants. Toutes deux parviennent à se faufiler dans les galeries de campagnols. La **fouine**, plus grosse, préfère les villes et les villages. Le **putois** européen n'a rien à voir avec la célèbre mouflette des Etats-Unis, héroïne de nombreux dessins animés… Mais il peut lui aussi émettre une odeur nauséabonde lorsqu'il est blessé ou stressé. Ces animaux ont la **réputation** d'être sanguinaires, cruels et nuisibles, ce qui est faux. **Prédateurs** naturels des petits rongeurs, ils ont leur **rôle** dans l'équilibre naturel.

La laissée des mustélidés est noueuse et en pointe

Hermine
Mustela erminea

200 g
25-45 cm

▸ Ressemble à la belette sauf l'extrémité de sa queue qui est noire

● Haies, lisières, jardins, bois…

Belette
Mustela nivalis

40-130 g
17-27 cm

▸ A peine plus gros qu'un campagnol ! Plus petit carnivore d'Europe

● Parcs, prairies, jardins, forêts, haies, champs, friches…

Renard
Vulpes vulpes

4-10 kg
120-140 cm

Assez répandu, le renard est un prédateur opportuniste qui mange tout ce qui lui tombe sous la dent : campagnols, oiseaux, charognes, fruits, insectes, etc. Il lui arrive même de faire les poubelles lorsqu'il habite à proximité d'habitations. C'est au petit matin ou au crépuscule qu'il part en maraude mais on peut le surprendre la journée quand il élève ses petits ou quand il neige. Le renard loge dans des terriers qu'il creuse ou dans des cavités abandonnées. Il n'est pas rare de le voir habiter au milieu d'un village de blaireaux. Vous pourrez cependant reconnaître un terrier habité par un **goupil :** une odeur désagréable s'en dégage ! Souvent victime de la rage, l'espèce a été longtemps et inutilement **persécutée**. Aujourd'hui, les cas de rage sont rarissimes grâce aux campagnes de vaccination opérées depuis les années 80.

Renardeau et renarde

▸ Semblable à un petit chien, pelage roux, longue queue touffue

● Fréquente toutes sortes de milieux

Rongeurs

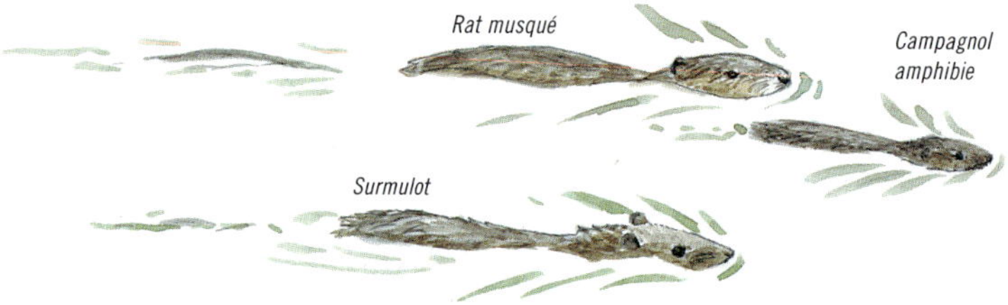

▶ Gros campagnol

● Etangs, canaux, rivières et ruisseaux calmes, marais…

Rat musqué

Ondatra zibethica

0,8-1,5 kg

45-60 cm

Hutte du rat musqué

Comme le ragondin, le rat musqué est redouté pour ses **terriers**, qui fragilisent les berges. Il a été importé d'Amérique du Nord pour sa fourrure, et s'est ensuite échappé de ses élevages — ou encore a été relaché quand l'industrie périclita. Le rat musqué a commencé à coloniser la France à partir des années 30, et devrait couvrir bientôt l'ensemble du territoire. En plus des terriers, le rat musqué sait construire, comme le castor, d'étonnantes **huttes** dépassant parfois un mètre de haut. Regardez attentivement l'**étendue d'eau** devant laquelle vous vous trouvez : des morceaux de plantes aquatiques flottent-ils à la surface, des roseaux sont-ils coupés sur les berges, des coulées (pistes) qui descendent vers l'eau sont-elles visibles ? Si oui, le rat musqué est passé par là…

▶ Gros rat au ventre gris-blanc et au dos gris à brun noirâtre

● Bâtiments, fermes égout, etc. Bords des cours d'eau

Surmulot

Rattus norvegicus

Rat gris ou **rat d'égout** sont autant de noms qui désignent le surmulot. Originaire d'Asie, il s'est répandu en Europe à partir du XVIe siècle, et prospère désormais partout où vit l'homme. Il paraîtrait qu'il joue un rôle dans l'élimination des déchets, et que sans lui les égouts de Paris seraient saturés ! Surtout nocturne, le surmulot vit en **familles** organisées hiérarchiquement. Les bagarres sont fréquentes car la domination de l'un est souvent convoitée par l'autre. L'homme a souvent à se plaindre de ses dégâts : il souille la nourriture, **ronge** n'importe quoi (fils électriques, béton, brique, aluminium…) et n'hésite pas à devenir très agressif en cas de danger. Les chats n'ont pas toujours le dernier mot !

280-550 g

35-50 cm

Traces de rongeurs

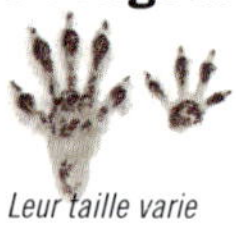

Leur taille varie selon l'espèce

Campagnols

(Microtus sp., Arvicola sp., Clethrionomys sp.)

Il existe de nombreuses espèces de campagnols : campagnol roussâtre, campagnol amphibie… Tous creusent des galeries sous terre et sont très friands de graines, de racines d'arbre… et de céréales cultivées par l'homme. Les campagnols ont le pouvoir de se reproduire massivement lorsque la nourriture est abondante. Certaines années, d'importantes **pullulations** de campagnols voient ainsi le jour, attirant sans tarder tout un cortège de prédateurs – renards, belettes, buses, chouettes… – ravis de l'aubaine. Heureusement pour nos cultures !

Campagnol roussâtre

15-35 g
12-19 cm

Campagnol amphibie

▶ Petits yeux, museau rond, oreilles courtes ; gris, ocre ou brun

● Forêts (roussâtre), cultures (des champs), cours d'eau (amphibie)…

Crottes de rongeurs

Souris et mulots

(Mus sp., Apodemus sp.)

15-35 g
14-23 cm

Souris et mulots sont de proches cousins qui se ressemblent énormément. Les premières préfèrent la vie aux côtés des hommes tandis que les seconds sont davantage forestiers. Ces petits rongeurs se distinguent par leur incroyable capacité de **reproduction**. Imaginez qu'une souris grise, dans votre maison, peut se reproduire jusqu'à 10 fois dans une année. Sachant que chaque portée compte jusqu'à 8 petits qui, eux aussi, pourront se reproduire au bout de six semaines, faites le calcul… et cachez vos provisions !

Souris grise

Mulot

▶ Grandes oreilles et longue queue

● Habitations (souris), forêts, campagne, haies (mulot)

Lérot

Eliomys quercinus

Son masque de cambrioleur lui donne une allure sympathique mais la vie **nocturne** du lérot vous donnera rarement l'occasion de l'admirer. Si les fourmis laissent derrière elles quelques molécules chimiques qui permettent à leurs consœurs de les suivre partout, le **lérot** se distingue par une tout autre méthode : il s'enduit les pattes de gouttes d'urine qui serviront de traces odorantes. Le lérot **hiberne** en général d'octobre à avril-mai.

11-17 cm

▶ "Masque de bandit", grandes oreilles, pinceau à l'extrémité de la queue

● Forêt, villages, vergers, jardins...

Lièvre

Lepus europæus

▶ Longues oreilles aux extrémités noires, grandes pattes arrière

● Champs, prairies, forêts

3-6 kg
50-85 cm

Le lièvre, plus grand que le lapin de garenne, ne creuse **aucun terrier**. Il gratte légèrement le sol et s'y tapit toute la journée. Son pelage couleur de terre lui offre un excellent camouflage : vous pourriez passer à quelques mètres de lui dans un champ sans même le voir et surtout sans qu'il bouge le moindre poil ! Habituellement **solitaires**, les lièvres se rassemblent au printemps pour le rut. Les mâles se transforment alors souvent en boxeurs pour attirer l'attention des femelles…

Crotte de lièvre

Lapin de garenne

Oryctolagus cuniculus

1,5-2,5 kg
40-50 cm

▶ Oreilles brun et rose ; en fuite queue blanche très voyante

● Lisières, landes et friches

Sociable, le lapin vit en petit groupe dans des galeries qu'il creuse lui-même. L'ensemble de ses terriers forme une **garenne**. A proximité, vous trouverez sans difficulté le **pétouiller**. Ce nom évocateur désigne le crottoir collectif des lapins. Le lapin broute habituellement de l'herbe. Mais, lorsque l'hiver est rude et que la végétation se fait rare, il n'hésite pas à manger l'écorce des jeunes arbres, provoquant des dégâts dans les plantations et l'irritation des jardiniers. Il peut se reproduire 4 à 6 fois par an, avec 3 à 8 petits par portée, d'où sa réputation d'animal "chaud" et sa relative abondance. Vous pourrez l'observer en journée bien qu'il soit plus actif la nuit. Ses populations peuvent être décimées localement par une maladie introduite : la **myxomatose**.

Ecureuil

Sciurus vulgaris

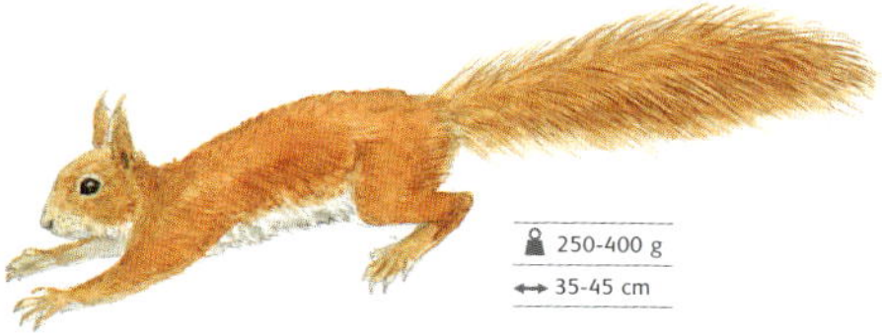

250-400 g
35-45 cm

▶ Longue queue touffue, pinceaux de poils sur les oreilles, bon grimpeur

● Forêts, bois, parcs

Chaque automne, l'écureuil fait des **provisions** qu'il enterre ici et là. Mais il sera bien incapable de toutes les retrouver : il contribue ainsi à la dissémination des espèces. Presque exclusivement arboricole, l'écureuil fabrique des **nids** en forme de boule au creux des branches d'arbre, à partir de rameaux, de mousse et de feuilles mortes. Sa nourriture est essentiellement composée de fruits secs : cônes de pin, glands, noisettes, etc. En hiver, son joli pelage roux se remarque facilement au milieu des arbres privés de feuilles.

Pelage hivernal grisâtre

Insectivores

Hérisson

0,5-1,2 kg
↔ 22-28 cm

Erinaceus europaeus

Alors que le mammouth et le tigre à dents de sabre ont disparu depuis longtemps de la surface du globe, le hérisson, qui existait largement avant eux, a su **traverser** les millions d'années qui nous séparent de ces temps reculés. Son dos hérissé de près de **5 000 piquants** lui a facilité la tâche. Mais, aujourd'hui, le hérisson est confronté à un danger bien moderne : les roues des voitures… La disparition des haies et l'utilisation massive des insecticides ne lui sont pas favorables non plus. Nocturne, il déambule la nuit à la recherche de vers de terre et de divers insectes. La proximité des habitations ne lui fait pas peur et il aime chasser dans les pelouses rases des jardins. Il hiberne de novembre à mars.

▸ Dos hérissé de piquants

● Bois, bocages, parcs, forêts, prairies…

Taupe

100 g
↔ 14-20 cm

Talpa europaea

Véritable mineur de fond, la taupe est spécialement équipée pour vivre sous terre : ses pattes avant ressemblent à de petites **pelles** qui lui permettent de creuser tout un réseau de galeries. Malgré sa mauvaise vue ("myope comme une taupe" n'est pas une légende !), la taupe repère facilement sa principale nourriture : les **vers de terre**. Son ouïe fine et les tunnels souterrains qui font écho du moindre bruissement de lombric lui permettent de localiser avec précision ses proies.

▸ Pattes avant très développées, petits yeux

● Présente un peu partout dans les sols meubles

Taupinière

MUSARAIGNES *(Crocidura sp., Sorex sp., Neomys sp.)*

6-14 g
↔ 9-14 cm

Il existe **plusieurs espèces** de musaraignes. Derrière leurs allures de souris se cachent de véritables prédateurs. Insectes, araignées, mollusques et autres mille-pattes font les frais de leur appétit. La plupart des musaraignes creusent des galeries et font des nids sous les arbres. En famille, les musaraignes forment une **caravane** pour se déplacer : chaque petit s'accroche à la queue de son prédécesseur, et le premier à la queue de la mère. Du fait de sa petite taille, la musaraigne est souvent la proie des carnivores de passage mais, son odeur **musquée** se révélant écœurante, elle est aussitôt recrachée. Il n'est pas rare ainsi de tomber sur un cadavre de musaraigne.

▸ Museau allongé et pointu, petites oreilles

● Habitat varié, à couvert végétal dense (herbes ou feuilles)

Ne pas confondre

Musaraigne

Souris

Campagnol

Reptiles

▶ Couleuvre gris-vert parfois brune avec un collier clair

● Zones humides, bords de mares, d'étangs, de rivières

Œuf de reptile

Couleuvre à collier

Natrix natrix

Mâle

↔ 150 cm

Son nom lui vient du **collier** qui orne son cou. De grandes écailles sur le dessus de la tête, un corps élancé et bien sûr son collier : vous ne pouvez pas la confondre avec une vipère ! Pour **se protéger**, la couleuvre à collier a plus d'un tour dans son sac. Si vous la surprenez, elle simule la mort à moins qu'elle ne laisse échapper un liquide nauséabond qui vous fera regretter de l'avoir rencontrée… Excellente **nageuse**, elle se nourrit d'amphibiens, de petits poissons et de campagnols… avant d'**hiberner** de novembre à avril.

Orvet

Anguis fragilis

Jeune ou femelle

Mâle

▶ Comme un serpent sans cou, ocre ou cuivré

● Jardins, bois, lieux humides, prairies, lisières

L'orvet est un **lézard sans pattes**. Il a aussi le pouvoir de s'auto-amputer pour échapper à un danger : il perd sa queue très facilement. Son nom latin lui vient de cette fragilité. Un autre surnom lui avait été donné pour la même raison : **serpent de verre**. Vous le trouverez souvent sous des pierres ou, de bon matin, dans l'herbe d'une lisière ensoleillée. Son aspect très lisse permet de ne pas le confondre avec un serpent.

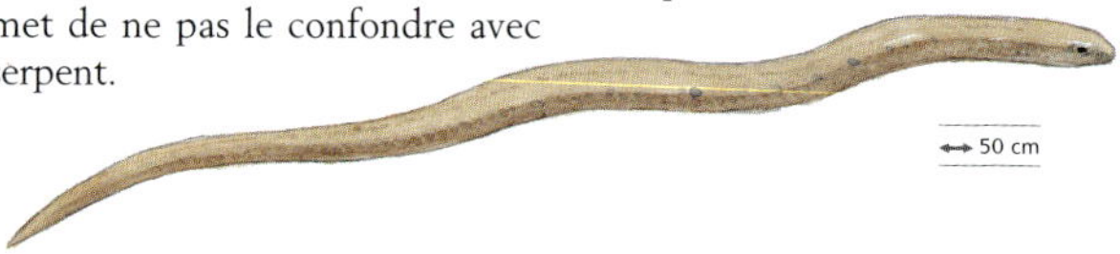

↔ 50 cm

Lézard des murailles

Podarcis muralis

↔ 17-20 cm

▶ Longue queue, corps élancé, teinte très variable, gris, brun, rougeâtre…

● Vieux murs, talus ensoleillés, rocailles…

Le lézard des murailles est présent jusqu'au cœur des grandes villes mais les murs enduits de crépi, les chats et même les moineaux ont de plus en plus raison de lui ! Il est très friand de mouches et autres insectes volants. Il inscrit parfois des abeilles à son menu car il est immunisé contre leur venin.

Couleuvre ou vipère ?

Couleuvre

Vipère

Couleuvre

- Longue, fine, effilée
- Pupilles rondes
- Tête plutôt ovale

Vipère

- Pupilles de chat
- Silhouette trapue, sa queue se termine brusquement
- Tête triangulaire
- Son dos est peint d'un "zigzag"
- Pas plus de 80 cm

Couleuvre

Vipère

Généralement, vous verrez le serpent s'enfuir devant vous : regardez sa queue ! Si elle se termine brusquement, c'est une vipère ; si elle est longue et effilée, c'est une couleuvre.

Batraciens

Grenouille verte

Rana esculenta

↔ 8-10 cm

Très commune, la grenouille verte passe l'essentiel de sa journée dans l'eau ou sur les berges pour se chauffer au soleil. A la moindre alerte, elle **plonge** et se cache dans la vase. Très vorace, elle se nourrit d'insectes, d'alevins et parfois de petits rongeurs ! Vous l'entendrez chanter pendant presque toute la belle saison. En avril, les grenouilles vertes s'accouplent et pondent leur amas d'œufs.

Autre coloration

▶ Dos en général vert, parfois brun, orné de taches noires, souvent une ligne vertébrale claire

● Mares, bassins, étangs, fossés, bras morts ensoleillés, avec de la végétation aquatique

Grenouille rousse *Rana temporaria*

Les grenouilles rousses sont des animaux nocturnes. Dès février, elles commencent à sortir de leur **sommeil** hivernal pour aller se reproduire. Des milliers de batraciens retournent alors dans l'eau, souvent des flaques temporaires, pour s'accoupler et pondre leurs œufs. La nuit, un concert discret retentit : les ronflements sourds des mâles ont pour but d'attirer les femelles. Au bout de trois semaines, toutes retourneront à leur **vie terrestre**, dans les forêts, les haies et les jardins, jusqu'au printemps prochain.

↔ 6-9 cm

▶ Dos brun, beige ou roux, bande noire derrière l'œil

● Prairies inondables, forêts, mares, étangs, jardins…

Rainette verte

Hyla arborea

↔ 3-5 cm

Malgré leur petite taille, les rainettes vertes peuvent se faire entendre, de mai à juillet, à plus de **un kilomètre** à la ronde. Cachées dans un roncier ou sur un saule, elles sont presque invisibles pendant la journée sauf par temps de pluie quand elles se mettent à chanter. Leur population est en nette régression : les mares sont trop souvent comblées et les prairies humides drainées.

Rainette verte perchée

▶ Dos d'un joli vert, pelotes au bout des doigts, bande sombre qui part de l'œil et sépare le dos du ventre

● Mares, étangs, roselières…

Crapaud commun

Bufo bufo

↔ 7-13 cm

Le crapaud commun migre à partir de mars vers des lieux de **reproduction** – mares, flaques, étangs… – distants parfois de plusieurs kilomètres. Pour atteindre son but, il doit souvent franchir un obstacle impitoyable : les routes. Près de 90 % d'une population peut ainsi être éradiquée par les **voitures !** Inconscients de ce danger, les mâles, très excités, s'agrippent à tout ce qui bouge… L'extrémité d'une de vos bottes, pourtant difficile à confondre avec une femelle, peut subir l'assaut d'un mâle impatient de s'accoupler ! En dehors de la période de reproduction, le crapaud commun vit sur **terre** un peu partout et ne sort que la nuit.

▶ Peau verruqueuse, glandes bien visibles derrière les yeux, pupilles horizontales

● Jardins, forêts, parcs, friches…

Crapaud calamite

Bufo calamita

↔ 6-9 cm

Petit et trapu, le crapaud calamite trottine rapidement pour se déplacer, au point qu'on le confond parfois avec une souris ! Il ne saute pas ou très rarement. Au printemps, les mâles gonflent leurs sacs vocaux et émettent des séries de puissants trilles que vous pouvez entendre à plus de 500 mètres. Le crapaud calamite est une espèce rare et menacée. Il est vital de protéger ses mares de reproduction.

▶ Peau verruqueuse, ligne vertébrale claire, 2 glandes parallèles derrière les yeux, iris teinté de jaune

● Zones sablonneuses, dunes, étangs, gravières…

Alyte accoucheur

Alytes obstetricans

↔ 4-5 cm

Mâle portant les œufs

L'alyte est un minuscule crapaud rare et localisé, aux **mœurs très étonnantes**. Le mâle attire les femelles en émettant une agréable note flûtée. Très attentionné, il prend en charge les œufs aussitôt après l'accouplement – d'où son surnom – et les transporte sur ses pattes postérieures pendant plusieurs semaines avant de rejoindre un point d'eau pour libérer les têtards. Au bout de quelques mois, ceux-ci peuvent atteindre 7 à 8 centimètres alors que les adultes n'excèdent pas 5 centimètres. L'alyte mène une existence presque exclusivement terrestre.

▶ Dos grisâtre couvert de petites verrues, pupilles de chat, pas de glande derrière la tête

● Gravières, carrières, talus ensoleillés, murs de pierre…

Du têtard à la grenouille

Tritons

Phase terrestre

↔ 7-15 cm

Au printemps, mâles et femelles se donnent rendez-vous dans les **mares** pour se reproduire. Vous les verrez souvent remonter à la surface de l'eau pour **respirer**. Chaque mâle a revêtu pour l'occasion son habit nuptial : une **crête** plus ou moins prononcée le long du corps et de la queue. Les œufs sont pondus un à un dans la végétation aquatique. La femelle replie méticuleusement chaque feuille sous laquelle elle a pondu son œuf. Lorsque la période de reproduction est terminée, tous les tritons sortent de l'eau et mènent une existence terrestre et nocturne. En journée, ils se cachent dans des lieux humides (sous les pierres, sous des tas de bois, dans les feuilles mortes…).

▸ Apparence d'un lézard sans écaille, queue plate verticalement

● Mares, bassins, étangs, trous d'eau, flaques, ornières…

Triton venant de respirer à la surface

Triton crêté
Triturus cristatus

Triton palmé
Triturus helveticus

Tritons mâles en phase nuptiale

Triton alpestre
Triturus alpestris

Triton ponctué
Triturus vulgaris

Salamandre tachetée

Salamandra salamandra

La salamandre est presque exclusivement **terrestre**. Les femelles ne se risquent dans l'eau que pour libérer leurs larves dès la sortie de l'hiver. Mauvaises nageuses, il arrive parfois qu'elles se noient ! Les salamandres ont besoin d'un taux important d'humidité : elles ne sortent que la nuit, ou sitôt après de bonnes averses. Une croyance racontait que la salamandre était capable de traverser le feu sans aucune brûlure… ! Elle fut l'emblème de François Ier. L'espèce est commune mais localisée (forêts, bois humides…).

▸ Corps massif noir et jaune, queue ronde, glandes derrière les yeux

● Forêts, bois, parcs…

Larve de salamandre

↔ 20 cm

Insectes

Argus

Citron

Piéride

Papillons

Le papillon pond ses **œufs** dans la végétation. Après incubation et éclosion, une **chenille** voit le jour. Elle vit sur les plantes, jusqu'à ce qu'elle se fixe sur une tige pour devenir une **chrysalide**. Enfin, émergeant de la chrysalide, un **papillon** apparaît. Il vivra au moins le temps de s'accoupler et de pondre.

Aurore

Tircis

Petite tortue

Vulcain

Argus et zygène

Grand mars changeant

Paon du jour

Libellules et demoiselles

Les **libellules** se divisent en deux groupes : les plus grandes sont les libellules, les plus petites sont appelées **demoiselles** (agrion et caloptéryx).

Agrion

Calopteryx

Libellules

Autres insectes

La **syrphe** ressemble à la guêpe, le **chironome** ressemble à un moustique et le **tipule**, ou cousin, effraye les enfants… mais aucun des trois ne pique !

Chironome et moustique mâle ont des antennes plumeuses. Aucun ne pique, au contraire des moustiques femelles…

Syrphe

Chironome

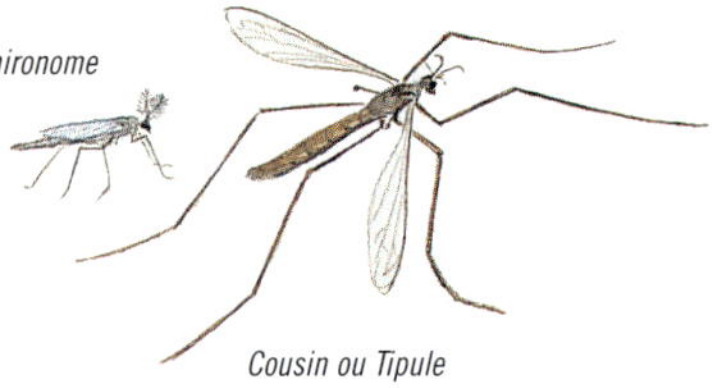

Cousin ou Tipule

Bord de mer

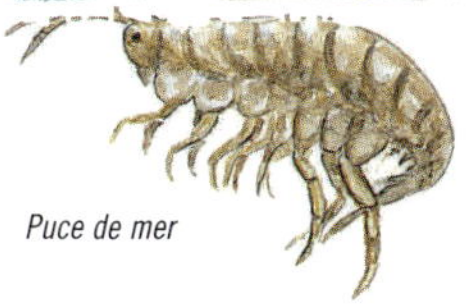

Puce de mer

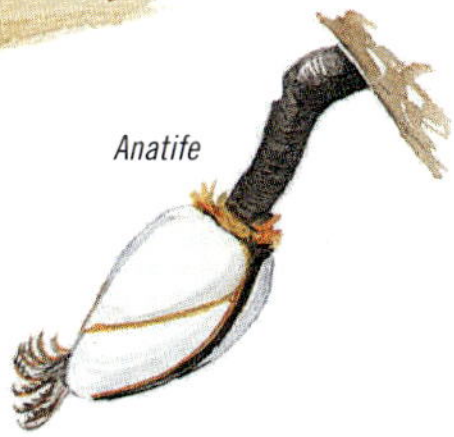

Anatife

Patelle

Gibbule

Coque

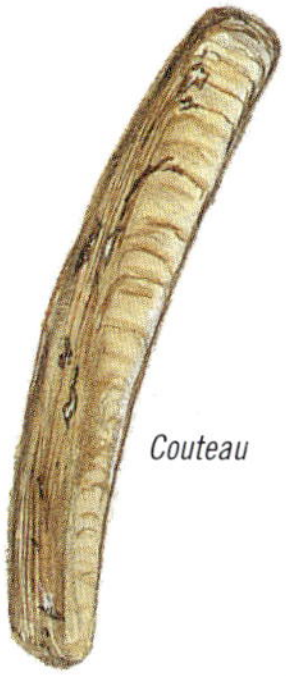

Couteau

Donace

Pholade

Caillou percé par des pholades

"Os" de seiche

Test d'oursin

Seiche

On appelle **laisse de mer** les algues et autres débris déposés par la mer quand elle se retire. Prenez le temps d'observer le rivage : à défaut de bouteille avec un message, vous y trouverez sans doute une grande variété de coquillages, de débris divers naturels ou non (une pince de crabe, un poisson mort, un "os" de seiche...). Les puces de mer habitent ce milieu.

Index

Les numéros en **gras** renvoient au guide d'observation.

Toutes les illustrations sont de Jean Chevallier.
Les textes du guide d'observation sont de David Melbeck (Fédération des clubs CPN, Connaître et protéger la nature), révisés par Patrick Triplet et les éditions Dakota.

Balades :
Grégory Cassoret, Cédic Fagot, Frédéric Lepilliez, Grégory Rollion, Patrick Triplet, Michel Urban (Syndicat Mixte Baie de Somme - Grand Littoral Picard) ; Anne Bacqueville, Jean-Michel Sannier, François Sueur, Florent Violet (GOP) ; Keltoum Piquard.
Les textes des balades ont été supervisés (aspect scientifique et non dérangement des espèces protégées) par le Syndicat Mixte Baie de Somme - Grand Littoral Picard et par le GOP (Groupe Ornithologique Picard).

Dakota Editions :
Responsable de la collection : Axel Vicq. Assistante éditoriale : Gwenoline Lemonnier.
Mise en pages : Cécile Chatelin.

Merci à :
Toute l'équipe du Syndicat Mixte Baie de Somme - Grand Littoral Picard sous la houlette de Patrick Triplet, le GOP emmené par François Sueur, Mmes Goalès et Rouxel pour le CDT de la Somme, Pierre et Vacances, le Crédit Agricole de Picardie, le Conservatoire du littoral, Delphine Bilhaut pour le Conseil général de la Somme, Jacques Cailleux pour l'Office national des forêts, la Fondation Nicolas Hulot pour la Nature et l'Homme, et l'ensemble des auteurs pour la qualité de leur travail et leur enthousiasme.
Ces guides n'existeraient pas sans les **associations de protection de la nature**, les parcs naturels régionaux, les parcs nationaux, les réserves naturelles et des institutions comme le Conservatoire du littoral. Ces guides n'existeraient pas sans le travail essentiel de ces organismes et de ceux qui les soutiennent. Qu'ils soient remerciés, avec eux toutes les femmes et les hommes qui œuvrent dans leur sens. Sympathisants, bénévoles ou salariés, pour des causes d'ici ou d'ailleurs, ils préparent un futur qui s'annonce être… ce que nous en ferons.
Penser globalement, agir localement.

ISBN 978-2-84640-399-3 - Dépôt légal : 2e trimestre 2015

Dakota Editions, 20, rue Bouvier, 75011 Paris, tél. : 01 55 28 37 17
vicq@voxinzebox.com, www.dakotaeditions.com

Les livres Dakota Editions sont réalisés par Voxinzebox
Pôle Média de la Belle de Mai - 37, rue Guibal - 13303 Marseille cedex 3
www.zevisit.com

Crédits photos
(Les lettres indiquent l'emplacement de la photo, de gauche à droite
et de haut en bas)

CDT de la Somme : 7, 9 ; P. Cheuva/CDT de la Somme : 10 (b) ; Anne-Sophie Flament : 13 ;
Benoît Lobez : 14 ; Conservatoire du littoral : 16, 32, 74 ; Stéphane Angue/Shutterstock : 26 ;
Marc Lacouture : 30 ; CEDENA : 53 ; Grégory Cassoret/SMACOPI : 1, 18, 20, 21, 22, 24, 28, 34, 38,
42, 44, 45, 46, 52, 54 (h et b), 56, 58, 62, 64, 68, 76

Couverture : © Stéphane Bouilland/Biosphoto

Imprimé en France par IME by Est Imprim